하나님의 영광이란 무엇인가?

로욜라의 이냐시오와
장 칼뱅에서 길을 찾다

하나님의 영광이란 무엇인가?

로욜라의 이냐시오와
장 칼뱅에서 길을 찾다

최승기 지음

차례

제2장 로욜라의 이냐시오의 삶: 헛된 영광에서 하나님의 영광으로 탈바꿈한 본보기

제5장 로욜라의 이냐시오의 하나님 영광 개념의 독특성

제6장 장 칼뱅과 로욜라의 이냐시오 사이의 대화

추천의 글 1

나는 개신교 목사이기에 이냐시오에 대해서는 잘 알지 못한다. 다만, 신학교 영성신학 시간에 영적분별의 원리에 대해 이냐시오가 매우 중요한 통찰을 세계기독교에 제공해 주었다는 것과, 박사과정 공부를 하면서 곁눈질로 영성지도를 배우면서 이 영적분별의 원리를 좀 더 체계적으로 배운 정도였다. 그런데, 최승기 교수님의 책,《하나님의 영광이란 무엇인가?》는 영적분별의 원리 외에 이냐시오의 신앙과 영성이 장로교가 주류인 한국 기독교에 선물이 될 수 있는 대단히 중요한 주제를 다뤄주고 있다. 제목에 드러낸 바 "하나님의 영광이란 진정 무엇인가?"라는 주제이다. 아는 대로, 장로교의 위대한 개혁자인 칼뱅은 신앙의 궁극적 목적이 "하나님께 영광을"(Soli Deo Gloria) 돌리는 것이라 보았는데, 흥미롭게도 이는 이냐시오의 신앙의 대주제와 궤적을 같이하는 것이다. 최승기 교수님은 이 책을 통해, 그동안 이냐시오에 대해 가졌던 반종교개혁자로서의 이미지에 대한 겸손한 교정을 요청함과 동시에, 한국개신교가 이냐시오에게서 배울 '하나님 영광'의 신앙이 무엇인지를 자세히 소개해 준다. 한국 기독교 특히 장로교 목사치고 하나님의 영광을 구하지 않는 목사가 있을까? 하지만, 이상하게도 한국 기독교는 오늘날 하나님께 전혀 영광이 되지 않는 모습으로 세간에 비춰진다. 오히려 교회의 잘못된 언행으로 인해 세상에 하나님의 영광을 가리는 행태가 반복되고 있다. 한국 기독교가 입술을 깨물고 다짐만 했을 뿐 하나님의 영광이 진정 무엇인지, 어떻게 하나님의 영광을 드러낼 수 있는지를 신앙적으로 배우지 못했기 때문이다. 이런 면에서, 이 책은 아주 조밀하게 헛된 영광, 거짓된 영광, 유사 영광의 실체를 드러내면서 참된 영광을 향해 가려는 우리를 안내해 준다. 이냐시오에 대한 특정한 선입견을 제하고, 진정 하나님의 영광을 추구하는 그리스도인, 마음을 다하고 정성을 다해 하나님만을 사랑하고자 하는 그리스도인에게 일독을 권하고 싶다.

이상학 위임목사(새문안교회)

추천의 글 2

"교회와 신앙생활의 갱신이 강력하게 요청되는 오늘 우리 시대에 신비적인 동시에 예언자적인 목회 패러다임의 원천을 어디에서 찾을 수 있을까?"

"일상의 삶에서 그리스도인의 거룩함을 가능하게 하는 신앙의 핵심 원리는 무엇인가?"

"어떻게 하면 자기-중심성, 자기-영광의 추구로부터 벗어나 보다 온전한 그리스도인으로서 살아갈 수 있을까?"

이러한 질문들을 진지하게 던져본 사람이라면 이 책을 통하여 한 줄기 빛을 발견하게 될 것입니다. 자신의 박사학위논문의 개정증보판이라고 할 수 있는 이 책에서 저자는 익숙하다 못해 무덤덤해지기까지 한, 그러나 여전히 그리스도교의 가장 고유한 개념 중 하나인 '하나님의 영광'에 천착하면서 종교개혁시대의 위대한 두 사람, 로욜라의 이냐시오와 장 칼뱅을 소환합니다. 저자는 "너희가 먹든지 마시든지 무엇을 하든지 다 하나님의 영광을 위하여 하라(고전 10:31)"는 바울 사도의 권고의 의미가 이냐시오에게서는 '하나님의 더 큰 영광을 위하여'라는 모토로, 칼뱅에게는 '오직 하나님께 영광을'이라는 표현으로 구체화되었음을, 두 개혁가의 저술 및 실천에 대한 깊이 있는 분석과 통찰을 바탕으로 설명합니다.

그러므로 이 책을 읽는 독자는 이냐시오가 헛된 영광을 좇는 사람에서 어떻게 하나님의 영광을 좇는 사람으로 변화되었는지, 그리고 그러한 변화의 경험이 《영신수련》이라는 영성 형성 매뉴얼에 어떻게 반영되어 있는지를 확인하면서 그에 따라 자신의 내면을 반추하는 기쁨을 얻게 되고, 칼뱅의 개혁주의 영성과 통하는 지점을 발견함으로써 보다 확장된 시각을 얻게 되며, 두 영적 거장이 말하는바 하나님의 영광을 위하여 더욱 봉사하는 삶으로 이끌리게 됩니다. 이러한 이유 때문에 저는 시대가 요청하는 목회 패러다임을 고민하는 목회자, 일상에서 영적 삶을 살고자 애쓰는 그리스도인, 그리고 이냐시오와 칼뱅의 영성 신학에 관심이 있는 영성학도 모두에게 이 책을 강력하게 추천합니다.

백상훈 교수(한일장신대학교 기독교 영성)

추천의 글 3

먼저 예수님처럼 친구가 되기를 마다않으시는 귀한 스승님 책에 추천의 글을 적을 수 있음에 감사한다. 배운 대로 잘 살아내지 못한 제자이기에 한사코 거절했지만, 당신을 잘 아는 이면 충분하다는 겸손한 권유에 힘을 얻어 추천의 글을 적는다. 늘 그랬다. 최승기 교수님의 격려와 사랑은 마음의 깊은 샘속에서 솟는 것이어서 마음을 적시고 움직였다. 부득이하게 시작한 추천의 글을 위해 선생님의 글을 읽고 나서야 주께서 왜 선생님의 마음을 움직여 나에게 이 글을 부탁하게 하셨는지를 깨달았다. 이 책은 하나님의 영광은 다 가로채고, 목회를 '나 됨이 형성되는 장'으로 만들겠다는 다짐을 요란한 구호로 만들어 버린 것 같아 괴로워하는 나에게 주는 위로이자 격려라는 사실을 말이다. 저자는 하나님의 영광을 위한 삶에 대해 씨름해온 신학자이자 영성가이다. 영성지도자인 스승으로부터 영적 여정이 '하나님의 영광과 나의 영광을 추구하는 비율이 51:49가 되게 하는 투쟁'이라는 말을 듣고 위로를 얻었다는 대목에서 앎을 삶과 실천해가려고 씨름한 여정의 흔적을 발견한다. 동시에 저자는 깊은 목회적 공감으로 영혼을 돌본 영성지도자면서 목자이다. 하나님의 영광을 위해 살고 싶지만 하나님을 이용하는 것만

같은 후배들에게 하나님의 영광을 더 깊고 견고하게 해설해 줌으로써 신학적이고 영성적인 견고한 디딤돌을 놓아 그들의 여정을 북돋아주고 싶은 것이다. 신앙도, 목회도 세속적인 기준으로 평가되는 이 시대에 하나님의 영광에 대한 올바른 이해로 성공주의에 물든 제도적 신앙이 아닌 살아 역동하는 신앙의 정수를 누리길 기대한다.

유재경 위임목사(대덕교회)

추천의 글 4

　경상북도 왜관에 있는 베네딕도 수도원 입구에는 "모든 일에 하느님께 영광"이라는 글귀가 새겨진 커다란 비석이 자리하고 있습니다. 이는 지난 1500년 동안 베네딕토 수도회를 지탱할 수 있었던 핵심 가치를 상징적으로 나타냅니다. 그 가치는 바로 "모든 것에서 하나님께 영광이 되게(Ut in omnibus glorificetur Deus)"입니다. 그러나 오늘날 하나님의 영광이라는 개념은 종종 왜곡되거나 오용되는 경우가 많습니다. 성공과 번영의 결과를 하나님의 영광으로 동일시하는 인식이 그 대표적인 예입니다.

　최승기 교수님의 저서《하나님의 영광이란 무엇인가?》는 위대한 개혁자였던 두 사람, 로욜라의 이냐시오와 장 칼뱅을 통해 이러한 오해를 바로잡으며 하나님의 영광의 본질에 대해 깊이 있는 통찰을 제공합니다. 책 속 한 문장은 저의 마음에 오랫동안 울림을 주었습니다. "하나님의 영광은 위대한 외적 행위를 통해 드러나는 것이 아니라, 십자가에 못 박혀 고난당하신 그리스도를 따르고 섬기는 데 있다." 하나님의 영광은 우리 인간이 창조된 이유와 목적, 그리고 삶의 방식과 밀접하게 연결되어 있음을 깨닫게 합니다.

과거에 최 교수님의 강의실에서 누렸던 기쁨을 이 책에서도 동일하게 누릴 수 있었습니다. 복잡하고 어려운 신학적 언어를 은혜롭게 풀어내고, 깊이 있는 영성학의 내용을 누구나 쉽게 이해할 수 있도록 도우며, 이를 통해 마음의 변화와 삶의 변화로 안내하는 교수님의 탁월함은 이 책에서도 빛을 발합니다. 이 책을 통해 그 탁월함을 함께 누릴 수 있기를 바랍니다.

김원필 위임목사(울산삼산교회)

머리말

이력 이야기

이 세상에 존재하는 것에는 모두 이력이 있다. 정원의 돌 하나가 거기에 그렇게 그 모양으로 존재하기 위해서는 바람과 비와의 조우를 포함한 수많은 과정을 거쳤음에 틀림없다. 이 책도 마찬가지로 나름의 몇 가지 이력을 지니고 있다. 첫 번째 이력은 이 책의 원천에 관한 것이다. 이 책은 나의 박사학위 논문을 모태로 큰 틀의 편집과 수정을 거친 결과물이다. 논문의 제목은 Ignatius of Loyola's Concept of the Glory of God and Its Pastoral Implications for the Korean Church: Toward a Mystical-Prophetic Pastoral Paradigm(로욜라의 이냐시오의 하나님 영광 개념과 한국 교회를 위한 목회적 시사점들: 신비적이면서 동시에 예언자적인 목회 패러다임을 향하여)이다. 이 논문은 한국 교회를 위한 신비적이면서 동시에 예언자적인 새로운 목회 패러다임의 필요성을 제기한다. 그리고 로욜라의 이냐시오가 지닌 하나님의 영광 개념이 한국 교회를 위한 새로운 목회 패러다임의 영적 토대가 될 수 있음을 밝힌다.

두 번째 이력은 오늘날 한국 (개신)교회를 향한 관심의 확장이다. 나의 관심은 새로운 목회 패러다임을 넘어 그리스도인의 삶, 일상의 영성 차원으로 확장되었다. 근자에 나는 한국 교회의 영적 활력과 사회적 공신력 회복이 단지 목회자들뿐만 아니라 그리스도인 모두에게 달려 있다는 사실을 더욱 분명하게 느낀다. 많은 사람들은 그리스도인들에게 "도대체 우리와 다른 것이 무엇인가?"라는 조롱의 말을 주저함 없이 한다. 거룩성을 상실하고 세상 사람들과 동일한 방식으로 동일한 목적을 추구하는 세속화된 그리스도인들을 향한 날이 선 비판이다. 그러나 한국 교회가 늘 그러한 평가를 받아왔던 것은 아니다. 한국의 역사에서 교회와 그리스도인들이 백성들의 희망이었던 시절이 있었다. 따라서 그리스도인들의 신앙과 삶의 일치는 한국 교회의 영적 활력과 사회적 공신력 회복을 위한 열쇠이다.

그렇다면 그리스도인들의 신앙과 삶의 일치를 촉진시킬 수 있는 핵심적 요소는 무엇인가? 그것은 바로 '하나님의 영광'이다. 하나님의 영광은 그리스도인들의 삶의 동기요, 목적이다. 바울 사도는 고린도교회 성도들에게 "너희가 먹든지 마시든지 무엇을 하든지 다 하나님의 영광을 위하여 하라(고전 10:31)"고 강력하게 권면한다. 바울 사도의 이 권면은 단지 고린도교회 성도들뿐만 아니라 모든 그리스도인에게 주어진 권면임에 틀림없다. 예수회 창립자이자 첫 총장인 로욜라의 이냐시오(Ignatius of Loyola)가 지닌 모토는 "Ad Majorem Dei Gloriam(하나님의 더 큰 영광을 위하여)"이다. 16세기라는 신앙적 격동의 시기를 이냐시오와 동시대인으로 살았던 종교개혁자 장 칼뱅(John Calvin)의 모토는 "Soli Deo

Gloria(오직 하나님께 영광을)"이다. 칼뱅의 개혁교회 전통을 따르는 웨스트민스터 소요리문답의 첫 질문도 삶의 목적, 즉 하나님의 영광에 관한 것이다. "사람의 제일이 되는 목적은 무엇인가?" 이에 대한 답 또한 하나님의 영광이다. "사람의 제일이 되는 목적은 하나님을 영화롭게 하고 영원토록 그를 즐거워하는 것이다." 이처럼 하나님의 영광은 개신교나 가톨릭을 구별하지 않고 모든 그리스도인의 가장 중요한 삶의 선택 원리이며 목적이다.

그러기에 '하나님의 영광'을 바르고 명확하게 아는 것은 모든 그리스도인에게 대단히 중요하다. 작금의 한국 교회는 '하나님의 영광'을 주로 성공주의적 관점에서 해석하는 경향을 지닌다. 이 관점은 하나님의 영광을 주로 봉헌(dedication)의 차원으로 이해한다. 예를 들면, 금메달을 딴 후에 "하나님께 영광을"이라고 말하거나 표현하는 것이다. 그러나 이러한 성공주의적 관점에 따른 하나님의 영광 이해는 바른 이해와 큰 차이가 난다. 신앙과 삶의 분리로 인한 사회적 공신력 상실을 경험하고 있는 한국 교회의 현실도 상당 부분 하나님의 영광에 대한 바른 이해의 부족에서 기인한다. 따라서 이 책은 하나님의 영광에 대한 바른 이해를 제공함으로써 그리스도인들의 삶과 신앙의 일치를 촉진시키고, 한국 교회의 영적 활력과 사회적 공신력 회복을 소망하는 이들에게 도움을 주려는 목적을 지닌다. 그리고 이러한 목적은 주로 이냐시오의 하나님의 영광에 대한 이해를 탐구함으로써, 그리고 보완적으로 하나님의 영광을 주제로 한 이냐시오와 칼뱅과의 대화를 통하여 성취될 것이다.

세 번째 이력은 나 자신의 실제적 고뇌와 깊은 관련이 있다. 어떻게 하면 자기 영광 추구로부터 자유롭게 되어 하나님의 영광만을 추구하는 그리스도인이 될 수 있을까? 이 질문은 많은 그리스도인의 질문이면서 동시에 나의 질문이다. 이런 면에서 이 책은 성령의 도우심을 따라 나 스스로 이 질문에 대한 답변을 찾아 나선 긴 탐구의 결과물이다. 자신의 영광을 추구하는 것은 헛된 영광(vain glory)을 추구하는 것이다. 그럼에도 하나님의 영광과 자기 영광 사이에서 치열한 내적 전투를 할 때마다, 나는 무력감과 절망감을 느끼곤 했다. 어느 날 나의 영성지도 자인 존 벨트리(John Veltri)를 찾아가 이런 내면의 고뇌를 털어놓고 도움을 청한 적이 있다. 존은 나의 고뇌에 대한 응답으로 자신이 평소에 성인들과 같은 삶을 사는 분으로 알고 존경했던 분에 관한 이야기 하나를 들려주었다. 그런데 그 이야기는 예상치 못한 그분의 고백적 결론으로 끝을 맺었다. "나의 인생은 하나님의 영광과 나의 영광을 추구하는 것의 비율이 51:49가 되게 하는 투쟁이었습니다."

그 고백적 결론을 존으로부터 들었을 때, 나는 상반된 양가감정을 느꼈다. 절망의 심화와 새로운 희망의 싹틈을 동시에 맛본 것이다. 먼저 나는 자기 영광의 추구로부터 완전히 자유로운 존재가 되는 것은 거의 불가능하다는 절망감이 더 깊어짐을 느꼈다. 성인과도 같은 삶을 산 분이 일생의 투쟁을 통해 얻은 결과가 겨우 하나님 영광이 2퍼센트 앞선 것이라니? 그러나 다른 한편으로 곰곰이 되새겨 보니 오히려 희망이 조금씩 자라남도 느꼈다. 먼저, 성인과도 같은 분이 나와 동일한 고뇌를 안고 있다는 점에서 자기 위안을 느꼈다. 그러나 내가 자기 위안을 넘어 소망을 지니게 된 것은 관점의 변화, 즉 51:49를 존재의 상태가 아니라 선택의 원리로 볼 수 있었기 때문이다. 자기 영광 추구의 욕망이 여전히 마음에 남아 있다 할지라도, 성령의 도우심을 힘입어 자기 욕망을 인식함으로써 그 욕망이 삶의 선택에 영향을 미치지 못하도록 할 수 있기 때문이다. 따라서 삶에서 선택의 순간마다 하나님의 영광 추구가 51이 되게 한다면 나의 삶이 하나님의 영광을 추구하는 길에서 벗어나지 않을 수 있겠다는 확신이 들었다.

위와 동일한 관점은 이냐시오에게서도 발견된다. 그는 초연(indifference)을 하나님의 뜻에 합당한 선택을 위한 조건으로 제시한다. 나의 마음이 선택해야 할 대상들에 대하여 초연해야만 하나님의 뜻을 분별할 수 있다는 것이다. 여기서 이냐시오는 초연을 자기 영광을 위해서는 그 어떠한 욕구도 일어나지 않는 존재가 되는 것으로 이해하지 않는다. 오히려 이냐시오는 선택의 순간에 선택 대상에 대해 자신을 초연하게 만들 것을 요청한다. 비록 여전히 자기 영광에 대한 욕구가 남아 있을지라도, 그 욕구를 인식함으로써 그 욕구가 선택에 영향을 미치지 못하도록 하라는 것이다. 이냐시오의 이러한 관점은 현대 영성지도(spiritual direction)에서 승계되었다. 영성지도자가 피지도자의 이야기 가운데 하나님의 현존과 의사소통을 알아차리는 관조적 경청(contemplative listening)을 하기 위해서는 피지도자에게 자신의 주의 집중을 온전히 내주어야 한다. 그런데 영성지도자 또한 영적으로 그리고 인격적으로 성장해야 할 부분이 많은 연약한 인간이다. 따라서 영성지도자의 편견이나 연약함 등이 영성지도자의 관조적 경청을 저해하는 경우가 있다. 이때 영성지도자는 자신의 편견과 연약함을 인식하고 그것들을 괄호에 묶어 내려놓거나 주차장에 주차해 놓음으로써 그것들이 관조적 경청을 저해하지 못하도록 선택할 수 있다.

마지막으로 이 책이 지닌 이력은 많은 사람들의 수고와 헌신의 땀방울이다. 오늘의 나는 결코 스스로 된 것이 아니다. 나는 가끔 어머니와 신앙에 대한 대화를 나누곤 했다. 어떤 날은 대화가 나름의 신학적 토론으로 변할 때가 있다. 그러다 토론의 흐름이 나에게 유리하게 기울면 어머니는 비장의 한 수를 꺼내 든다. 그러면 나는 고개를 숙일 수밖에 없었다. 그 비장의 한 수는 "네가 저절로 큰 줄 아느냐?"라는 짤막한 한 문장이다. 그렇다, 나는 저절로 오늘의 내가 된 것이 아니다. 많은 사람들의 돌봄과 수고뿐만 아니라 자신의 생명을 내어 줌으로써 나의 몸을 형성한 수많은 생물들의 헌신이 오늘의 나를 있게 한 것이다.

따라서, 나는 이 책의 이력에 새겨진 몇 분들에게 감사의 마음을 표하고자 한다. 먼저, 선뜻 출간을 결정하고 그 모든 과정에 생기를 불어넣어 준 대표이사 채종준 님과 출판사업부 담당자분들 모두에게 감사를 드린다. 아울러 탁월한 어학능력으로 번역에 큰 도움을 준 조카 김진섭, 그리고 영성적 그림으로 책의 미학적 완성도를 높여 준 화가 하종순 님에게 감사의 마음을 표한다.

또한, 로욜라의 이냐시오 영성을 경험하고 연구하는 즐거움을 알려 준 로널드 반스(Ronald M. Barnes) 박사, 통찰력을 겸비한 따뜻한 마음으로 영성지도와 영성수련의 세계로 인도해준 영성지도자 존 벨트리, 때맞춘 격려와 예리한 학문적 질문과 통찰력 넘친 제안들로 나의 논문의 여정을 동반해준 질 골딩(Gill Goulding) 박사에게 존경과 감사의 마음을 드린다.

마지막으로, 응원과 지지를 변함없이 보내준 아내 김경진 박사에게 사랑과 감사의 마음을 드린다. 하나님의 섭리 안에서 영성지도와 영성 수련의 사역을 통해 영혼들을 돕기 위한 갈망으로 나와 만났던 모든 분들, 인쇄의 노동으로 땀 흘린 분들, 사용된 나무들 모두에게 고개 숙여 감사드린다. 비록 지면상 감사의 목록은 끝이 나지만 내 마음에 있는 감사의 목록은 계속해서 열려 있다.

그림 하종순

제1장

로욜라의 이냐시오를
위한 변론

로욜라의 이냐시오가 16세기 종교개혁 시기에 가톨릭 교회의 개혁을 추구했던 영성가라는 사실은 우리가 부인할 수 없는 역사의 영역에 자리하고 있다. 그리고 이것은 다음과 같은 대중의 추측적 인식의 일차적 근거가 되어 왔다. 이냐시오의 영성은 매우 '가톨릭적' 신앙의 가치들을 반영하고 있어 오직 동류의 가톨릭 신자들에게만 의미가 있을 것이며, 나머지 부류의 대중들에게는 단지 관심 있는 누군가의 세련된 교양의 함양 수준에서만 도움이 될 것이라는 인식이다. 500년 전 반종교개혁자로 알려진 이냐시오 영성이 어떻게 종교개혁의 전통을 따르는 21세기 한국 개혁교회에 도움을 줄 수 있겠는가? 이러한 회의적 인식도 동일한 근거로부터 기인한다. 이런 인식들을 염두에 두면서 본서의 첫 장은 다음의 두 질문을 다룰 것이다: 1) 이냐시오는 전투적인 반종교개혁자인가? 2) 이냐시오의 영성, 특히 하나님의 영광에 대한 그의 개념은 성경적 근거가 있는가? 이 두 질문에 대한 응답은 이냐시오와 그의 영신수련에 대한 적지 않은 한국 개신교인들의 의구심을 해소

할뿐더러, 그의 신앙적 유산으로 하여금 장 칼뱅의 개혁주의 전통을 계승하는 한국 교회를 마주하는 적절한 담론의 파트너로 설 수 있게 하는 데 기여할 것이다.

A. 이냐시오는 전투적인 반종교개혁자였는가?

이냐시오와 그의 초기 동료들은 종교개혁에 반한 가톨릭 공격의 선봉장으로서 대중에 의해 인식되어 왔다. 예수회의 주요 목표 또한 개신교를 향한 반격을 통해 가톨릭 신앙을 수호하는 것이라고 대부분의 서구 개신교인들뿐만 아니라 많은 가톨릭 신자들까지도 그렇게 이해해 왔다.[1] 이것은 대부분의 한국 그리스도인들에게도 마찬가지이다. 한국 개신교회 신자의 대다수는 걸출한 종교개혁가인 장 칼뱅의 개혁주의 전통을 계승한 장로교 신자들이며, 이냐시오는 그들에게 전투적인 반종교개혁자로 알려져 있다.

이냐시오의 영성과 한국 개신교 신자들과의 진정한 대화를 위해서는 이냐시오와 예수회의 일차적 목적에 대한 대중적 이해가 타당한지 아닌지를 먼저 살펴볼 필요가 있다. 나는 아래의 두 가지 질문에 답함으로써 이냐시오가 전투적인 반종교개혁자가 아니었고, 예수회의 주요 목적도 종교개혁에 대항하여 가톨릭 신앙을 옹호하는 것이 아니었음을

---

1. John W. O'Malley, "Attitude of the Early Jesuits Towards Misbelievers", The Way Supplement 68 (1990): 62.

주장할 것이다. 질문은 다음과 같다: 1) 이냐시오와 초기 예수회 사역의 주된 목적은 무엇이었나? 2) 이냐시오에 관한 대중적 이해에 근거가 없다면, 어떻게 이런 오해가 생길 수 있었는가?

1. 이냐시오와 초기 예수회 사역의 주요 목표

이냐시오와 초기 예수회 사역의 목적은 종교개혁에 대한 반격이 아니라 하나님의 영광을 증진하는 것이었다. 그들의 사역은 하나님의 영광을 위해 영혼을 돕는 것에 초점을 맞췄으며, 이는 이냐시오와 초기 예수회의 자기 정의(self-definition)를 가장 잘 표현하는 말 중 하나이다. 만레사(Manresa)에서의 신비로운 체험과 영적 깨달음을 통해 이냐시오는 그러한 사역에 대한 열망으로 불타오르게 되었다. 그가 스페인과 파리에서 공부하게 된 원동력 역시 '영혼을 돕는 일'을 위해 더 잘 준비하고자 하는 열망 때문이었다. 예루살렘에 대해서도 같은 열망을 품은 이냐시오와 그의 초기 동료들은 그곳으로 떠나려 하기도 했다.[2] 비록 떠나는 데에는 실패했지만, 영혼을 돕는 일은 그들 사역의 중심에 계속 서 있었다. 이는 1540년에 작성된 '예수회 헌장(Formula of the Institute)'에 드러난 예수회의 설립 목적에서도 분명히 드러난다. 이 헌장은 그 목적이 신교에 대항하여 가톨릭 신앙을 수호하는 것이 아니라, "그리스도인의 삶과 교리에 있어서 영혼의 진보와 신앙의 전파를 위함"[3]이라고

---

2. Ignatius of Loyola, St. Ignatius' Own Story: As Told to Luis Gonzalez de Camara with a Sampling of His Letters, trans. William J. Young (Chicago: Loyola University Press, 1956)을 보라.

3. John W. Padberg, ed., The Constitutions of the Society of Jesus and Their Complementary Norms: A Complete English Translation of the Official Latin Texts (St. Louis: The Institute

분명히 밝힌다. 여기에서 종교개혁에 대한 반격의 암시란 거의 찾아볼
수 없다.

예수회의 이러한 목적은 피정과 영성지도와 같은 이른바 '내면의 사
역'과 '기독교적 인격의 형성(*christianismum, christianitas*)'으로 구체화되었다.[4]
영신수련을 통한 피정은 내면의 사역의 중심이었다. 영신수련은 예수
회 안에서 종교개혁에 맞서 싸우는 것이 아니라 영혼들이 마음의 변화,
즉 하나님을 위한 봉사로의 회심을 경험하도록 인도하는 것을 의미했
다. 이러한 이유로 영신수련은 "회심을 위한 레시피"라고 불렸다.[5] 그
리스도인 생활의 친밀한 내면화는 영신수련의 영성에서 하나의 필수
적인 요소이다.[6] 여기에도 역시 종교개혁에 대한 반격은 없다. 또한 기
독교적 인격의 형성은 참된 그리스도인을 만드는 것을 의미했다. 이냐
시오와 초기 예수회에 그것은 '추상적인 교리를 암기하는 것'이 아니
라 '기독교의 본질적이고 전통적인 관습과, 특히 영적, 육체적 자비의
행위를 통해 개인을 기독교 신자의 사회적 책임과 기회로 이끄는 것'
을 의미했다.[7] 교리 교육, 설교, 개인 또는 그룹과의 '하나님의 것'에 대

---

of Jesuit Sources, 1996), 3-4.

4. O'Malley, "Attitude of the Early Jesuits towards Misbelievers", 182, 188-189.

5. H. Outram Evennett, The Spirit of the Counter-Reformation, ed. John Bossy (Cambridge: the University Press, 1968), 65. 봉사로 이어지는 회심에 관해서는 Joseph de Guibert, The Jesuits Their Spiritual Doctrine and Practice: A Historical Study, trans. William J. Young (St. Louis: the Institute of Jesuit Sources, 1986), 127을 보라.

6. Terence O'Reilly, "The Spiritual Exercises and the Crisis of Medieval Piety", The Way Supplement 70 (1991): 108.

7. O'Malley, "Was Ignatius Loyola a Church Reformer?", 182.

한 영적 대화가 이러한 목적을 달성하기 위한 주요 방법이었다.[8] 이러한 사역은 말뿐만 아니라 행동의 모범을 보임으로써 수행되었다.[9] 따라서 이냐시오와 초기 예수회 사역의 주된 목적은 종교개혁에 반격하여 가톨릭 신앙을 수호하는 것이 아니라, 관상적인 내면의 사역을 통해 사람들의 마음을 변화시켜 하나님께 더 큰 영광을 돌리는 것이었고, 그 사역의 설계자인 로욜라의 이냐시오는 전투적인 반종교개혁자가 아니었다.

2. 이냐시오와 초기 예수회에 대한 오해의 이유

이냐시오와 초기 예수회에 대한 대중적인 오해의 이유는 첫째로, 1550년경에 일어난 예수회 조직의 일부 변화와 관련이 있다.[10] 이러한 변화의 구체적 사례 중 하나는 예수회의 헌장 안에 포함된 예수회의 목적 선언문의 변경이었다. 이냐시오와 예수회는 비텐베르크의 루터파에 대항하기보다는 예루살렘의 영혼들을 돕는 데 훨씬 더 많은 관심을 기울이고 있었다. 그러나 1550년경부터 로마의 예수회 지도자들은 개신교의 성장에 점점 더 많은 관심을 기울이기 시작했다. 같은 해에 목적 선언문에 추가된 "[가톨릭] 신앙의 수호"라는 문구는 그들의 증가

---

8. Ignatius of Loyola, <u>St. Ignatius' Own Story</u>, 47, 50, 57, etc.

9. O'Malley, <u>The First Jesuits</u>, 87; "Early Jesuit Spirituality: Spain and Italy", 10-11.

10. 이냐시오의 생애 동안 예수회에서 일어난 몇 가지 변화에 대해서는 John W. O'Malley, "How the Jesuit Changed: 1540-1556", <u>America</u> 165:2 (1991): 28-32를 보라. 이러한 변화의 역사적 맥락에 대해서는 Philip Endean, "Who Do You Say Ignatius Is? Jesuit Fundamentalism and Beyond", <u>Studies in the Spirituality of Jesuits</u> 19:5 (1987): 1-53을 보라.

된 관심을 반영했다.[11] 그럼에도 불구하고 가톨릭 신앙의 수호는 인도, 일본, 브라질에서의 선교에 집중했던 초기 예수회의 중심 관심사는 아니었다.[12] 이는 이냐시오가 죽기 한 해 전인 1555년까지, 그가 종교개혁에 대해 언급할 기회가 많았음에도 불구하고 그것에 대해 거의 언급하지 않았다는 사실에서도 알 수 있다.[13]

둘째, 트렌트 공의회와 관련된 초기 예수회의 역할에 대한 만연한 추정이 그러한 오해를 확대하는 데 기여했다. 예수회는 "반종교개혁 이상의 가장 인상적인 구현"으로 여겨지는 트렌트 공의회의 공표와 이행에 필수적인 역할을 한 것으로 널리 알려져 왔다.[14] 그러나 이것은 억측에 가깝다. 예수회가 트렌트 공의회를 지지하긴 했지만, 직접적으로 공의회에 참여한 사람은 소수에 불과했고, 그들은 논쟁의 여지가 있는 사안에 관여하지 말라는 이냐시오의 조언을 받았다.[15] 게다가 예수회

---

11. 1550년 교황 율리우스 3세가 승인하고 확정한 '예수회 헌장'은 "예수회는 주로 이러한 목적, 즉 [가톨릭] 신앙의 수호와 전파, 그리고 그리스도인의 삶과 교리에 대한 신앙의 발전을 위해 노력하기 위해 설립되었다"라고 명시하고 있다. Padberg, ed., The Constitutions of the Society of Jesus and Their Complementary Norms, 3-4를 보라.

12. O'Malley, "Was Ignatius Loyola a Church Reformer?", 185.

13. O'Malley, "Was Ignatius Loyola a Church Reformer?", 183-184; "Attitudes of the Early Jesuits towards Misbelievers", 63; Guibert, The Jesuits: Their Spiritual Doctrine and Practice, 139-151을 보라.

14. E. A. Livingstone, ed., The Oxford Dictionary of the Church History (Oxford: Oxford University Press, 1997), 1639. 트렌트 공의회는 두 가지 목표를 가지고 있었다: 교리를 확정하는 것과 도덕을 개혁하는 것. 전자는 모든 교리를 다루는 것이 아니라 신교도들이 공격하는 교리만을 다루는 것을 의미했고, 후자는 교회의 개혁과 동의어로 받아들여져 특정한 법적인 변화를 의미했다. 하지만 트렌트 개혁의 근본적인 비전은 주교를 봉건 가신에서 목회자로 변화시키는 것이었다. John W. O'Malley, "Priesthood, Ministry, and Religious Life: Some Historical and Historiographical Considerations", Theological Studies 49 (1988): 243-244.

15. 트렌트 공의회에는 제임스 라이네즈(James Lainez)와 알폰스 살메론(Alphones Salmeron)이 교황청 신학자로 참석했고, 클로드 르 제이(Claude Le Jay)도 아우스부르크 주교 트루호

는 트렌트 공의회와는 다른 사역에 중점을 두고 있었다. 트렌트 공의회는 "사제가 주일과 성일에 교구의 신자들에게 말씀과 전례라는 정례의 전통을 제공하고, 교회법에 의한 처벌을 강화하는 것"을 강조했다.[16] 한편, 예수회의 사역도 말씀과 전례에 충실했지만, 그들은 교회법에 의한 형벌보다는 설득에 의존했고 교구의 구조 밖에서 활동했다. 더 중요한 것은, 예수회는 트렌트가 전혀 관심을 기울이지 않았거나 기껏해야 언급 정도로 끝낸 다양한 사역을 운영했다는 점이다. 오말리에 따르면, 그 사역은 다음과 같았다:

> 이른바 '성스러운 강의'를 통한 성경과 도덕 문제에 대한 정교한 성인 교육 프로그램; 거리, 조선소, 병원, 막사에서의 설교 프로그램; 기독교적 인격의 형성 교육에 성인과 어린이 자원 봉사단 참여; 영적, 육체적 자선 사업을 위한 평신도 단체 지원; 피정 및 영성지도 등 '내면의 사역'의 추진; 이단, 분열주의자 및 이교도의 복음화; 학교 복음화 등이 있다.[17]

따라서 예수회가 종교개혁에 반대하는 트렌트의 선봉에 섰다는 일반적인 추정은 합리적이지 않다.

세스(Truchsess) 추기경의 대리로 공의회에 참가했다. 이냐시오는 이 세 사람에게 보낸 편지에서 "누구와도 분란을 일으키지 말고", "누구의 편도 들지 말고 모든 사람을 평등하게 대할 것"과 설교에서 "가톨릭과 개신교가 대립하는 주제를 다루지 말 것"을 조언했다. Ignatius of Loyola, Letters of St. Ignatius of Loyola, selected & trans. William J. Young (Chicago: Loyola University Press, 1959), 94-95; O'Malley, "Attitudes of the Early Jesuits towards Misbelievers", 67을 보라. 트렌트 공의회에서 예수회가 수행한 역할에 관해서는 O'Malley, The First Jesuits, 321-328을 보라.

16. O'Malley, "Was Ignatius Loyola a Church Reformer?", 188.

17. Ibid., 188-189. O'Malley, "Priesthood, Ministry, and Religious Life: Some Historical and Historiographical Considerations", 223-257, 특히 237-248을 보라.

셋째, 이러한 대중적 오해를 강화하는 데 기여한 또 다른 만연한 가정은 교황에 대한 특별한 순종 서약인 예수회의 '네 번째 서약'과 관련이 있다. 이 서약은 대부분의 개신교인들에 의해 교황의 사병을 양성하는 것으로, 한편 많은 가톨릭 신자들에 의해서는 개신교에 대한 해독제로 널리 오해되어 왔다. 나달(Nadal)은 그러한 추정에 상당한 책임이 있다. 이나시오가 죽은 후 나달과 여러 회원들은 빈번한 고해성사와 이 '네 번째 서약'과 같은 예수회의 특정 관습을 개신교에 대한 해독제로 해석하기 시작했다.[18] 그러나 '네 번째 서약'은 교황의 사병을 양성하는 것과는 관련이 없었다. 오히려 그것은 선교 사업에 관한 것이었다. 오말리는 이나시오적 맥락에서 이 서약의 의미를 이렇게 짚는다:

우선, 이 서약은 흔히 생략하여 말하듯 '교황을 향한 서약'이 아니라 모든 종교적 서약과 마찬가지로 하나님에 대한 서약이었다. 둘째, 그 서약은 교황과 상관조차 없는 선교에 대한 서원이었다. 여기서 '선교'는 분명히 순회 사역, 즉 '영혼의 더 큰 도움'을 위한 전 세계적인 사역을 의미했다.[19]

'네 번째 서약'은 본질적으로 선교사가 되겠다는 서약, 즉 사역을 위해 여러 곳을 다니겠다는 서약이었다. 따라서 교황의 사병이 되어 신교도들과 전쟁을 벌이는 것과는 아무런 관련이 없었다.

---

18. O'Malley, "Attitudes of the Early Jesuits towards Misbelievers", 64.
19. O'Malley, The First Jesuits, 298-299. '네 번째 서약'에 대한 오말리의 이해와 아뤄페의 이해를 비교하려면 John R. Sheets, "Fourth Vow of the Jesuits", Review for Religious 42 (1983): 518-529를 보라.

마지막으로, 나달(Nadal)과 페드로 리바데네라(Pedro Ribadeneyra)는 로욜라의 이냐시오와 초기 예수회에 대한 오해를 불러일으킨 심각한 책임이 있다. 1556년 이냐시오가 죽은 후, 이냐시오와 루터를 비교하려는 유혹에 빠진 나달은 이냐시오를 루터라는 골리앗에 맞선 새로운 다윗으로 묘사하며 1567년 "루터가 마귀의 부름을 받던 해에 이냐시오는 하나님의 부름을 들었다"라고 말했고,[20] 훗날 페드로 리바데네라는 로욜라의 이냐시오 전기에서 루터를 신앙의 파괴자로, 이냐시오를 신앙의 수호자이자 옹호자로 묘사했다. 다른 예수회원들도 같은 방식으로 루터를 비방했지만, 이냐시오의 생전에는 그런 일이 거의 일어나지 않았다.

B. 하나님의 영광에 대한 성경적 개념

우리는 이냐시오가 반종교개혁자가 아니었다는 것을 보았지만, 가톨릭 교회에 속한 그를 향한 의심의 눈초리는 여전히 남아 있다. 대화의 장애물을 제거하는 한 가지 방법은 한국 교회가 개혁주의의 공리인 '오직 성경'을 강조한다는 점에서 이냐시오의 영성, 특히 하나님의 영광에 대한 그의 개념이 성경에 굳건히 근거하고 있음을 보여주는 것이다.

20. Monumenta Ignatiana: Fontes Narrativi, MHSJ, II, 5; Monumenta Nadal, MHSJ, V, 607; quoted in O'Malley, "Was Ignatius Loyola a Church Reformer?", 181을 보라.

1. 구약성경에 나타난 하나님의 영광

성경에서 하나님의 영광은 잘 정의된 하나의 개념이 아니라 복잡한 신학적 개념이다. 그것은 구원의 역사를 통하여 다양한 맥락을 갖게 되었고, 그 의미의 진화에 의해 미묘한 뜻의 차이를 띠게 되었다.[21]

특히 구약성경에서 하나님의 영광의 기본적인 의미는 초월적인 하나님께서 세상에 나타내시는 구체적이고 감지 가능한 영향과 능력이다. 초월적인 하나님의 현현은 "[사람이] 하나님의 가까이 오심을 갈망할 뿐만 아니라 하나님께서도 [사람이] 가까이 오기를 갈망하시기 때문에" 가능하다.[22] 하나님의 영광은 인간이 그것을 경험할 수 있는 한, 하나님의 자기 계시의 경이로움이다.[23] 따라서 '하나님의 영광'과 '하나님의 자기 계시' 또는 '하나님의 임재'는 서로 바꾸어 사용할 수 있는 개념들이다. 이스라엘의 역사에서 하나님께서 자신을 드러내신 예로는 시내산, 성막, 솔로몬의 성전 등의 장소가 있다. 히브리인들은 하나님의 자기 계시를 먹구름, 삼키는 불, 뇌우, 찬란한 빛, 지진, 바람과 같은 장엄한 자연 현상과 자주 연관 지어 생각했다. 이러한 현상은 때때로 이스라엘의 구원을 위해 능력으로 행동하시는 초월적인 하나님의 존재를 나타내기도 했다.[24]

---

21. Jules J. Toner, <u>Discerning God's Will: Ignatius of Loyola's Teaching on Christian Decision Making</u> (St. Louis: Institute of Jesuit Sources, 1991), 19.

22. Israel Efros, "Holiness and Glory in the Bible: An Approach to the History of Jewish Thought", <u>Jewish Quarterly Review</u> 41 (1951): 366.

23. Joseph A. Komonchak, Mary Collins, and Dermot A. Lane, eds. <u>The New Dictionary of Theology</u> (Wilmington: Michael Glazier, 1987), 418.

24. 우리는 히브리인들이 놀라운 자연 현상들 속에서 하나님의 영광을 경험했지만, 모든 천둥 번

그러나 시간이 흐를수록 하나님의 자기 계시와 관련한 원시적인 연상의 내용 중에서 유일하게 지속된 물리적 특징은 신적 조명뿐이었다. 에스겔은 하나님의 영광을 인격화하는 데 한 걸음 더 나아갔다. 여기서 하나님의 영광의 형상은 인간의 형상을 띤 어떤 생명체와 연관되어 있으며(겔 1:5), 이것은 하나님의 영광과 인간의 형상이 결합한 최초의 성경 구절이기도 하다.[25] 이러한 하나님의 영광의 의인화는 신약에 드러난 예수 그리스도의 인격에서 그 절정을 이룬다. 이사야서 56장부터 66장까지는 고대 불의 상징과 함께 하나님의 능력 및 주님으로서의 위엄에 대한 사상의 통합이 완성된다. 포로기 이후 하나님의 영광은 하나님의 우주적 승리의 상징을 나타낸다.[26] 마지막으로, 시편에서 하나님의 영광은 우주의 놀라운 아름다움과 장엄함에서 드러나는 하나님의 창조적이고 질서정연한 능력을 의미한다.[27] 창조는 하나님의 존재에서 비롯된 것이므로 창조는 하나님의 영광을 반영한다.[28] 하나님의 영광은 또한 선지서와 시편에서 종말론적 연관성을 가지고 있는데,[29] 이는 하나님께서 종말에 충만하게 세우실 언약의 평화와 정의의 왕국을 가리킨다.

개가 야훼의 영광의 표현이 아니듯 그를 자연 현상과 동일시하지는 않았다는 것을 명심해야 한다. Gerhard Kittel, ed., Theological Dictionary of the New Testament vol. 2, tr. Geoffrey W. Bromiley (Grand Rapids: WM. B. Eerdmans, 1966), 239.

25. Bernard Ramm, Them He Glorified: A Systematic Study of the Doctrine of Glorification (Grand Rapids: Wm. B. Eerdmans, 1963), 15.

26. The Catholic University of America, New Catholic Encyclopedia vol. 6 (New York: McGraw-Hill, 1967), 513-514.

27. "하늘이 하나님의 영광을 선포하고 궁창이 그의 손으로 하신 일을 나타내는도다"(시 19:1). 또한, 시 24:10; 29:3, 9를 보라.

28. Bernard Ramm, 17.

29. 예를 들어, 시 72:19; 사 40:5, 60:1-3; 합 2:14.

2. 복음서에 나타난 하나님의 영광

구약에서 신약으로 넘어가는 과정에서 하나님의 영광에 대한 이해에는 연속성이 있긴 하지만, 특히 신약에서는 전통적인 야훼의 영광에 대한 개념이 현저하게 발전했다.[30] 여기서는 그리스도의 영광으로 전환이 이루어진다. 항상 야훼의 구원, 자기 계시와 연관되어 있던 영광은 이제 그리스도의 인격에 고유하게 귀속된다. 예수 그리스도의 전인격과 삶은 "하나님의 영광을 드러내는 것이자 아버지의 뜻과 영광을 위해 온전히 헌신함으로써 하나님을 영화롭게 하는 것"이었다.[31] 자연 현상과의 전통적인 연관성은 더 이상 중요한 역할을 하지 않게 되었다. 이제 우리는 예수 그리스도의 인격과 삶에서 하나님의 영광을 볼 수 있기 때문이다.[32]

공관복음서에서, 성육신하신 예수님께 영광을 적용하는 것은 그의 탄생, 세례, 변용(變容)과 같은 특정한 경우에만 국한되어 있다.[33] 그리스도의 신성한 광채는 대개 지상에서의 사역 기간 동안 감추어져 있다가 부활 후에야 충만하게 드러난다. 반면 요한복음에서 그분의 영광은 항상 감지할 수 있지만, 오직 그분을 믿는 사람만이 알 수 있다. 요한은 그리스도의 전 생애가 그분 스스로의 영광을 지속적으로 드러낸다고 여긴다. 이 사실은 예수님께서 제자들에게 하신 마지막 담화에서 분

---

30. John M. Lochman, "The Glory of God and the Future of Man", Reformed World 34 (1976): 103.

31. Bernard Ramm, 33.

32. Komonchak, 418; Lochman, 104.

33. Kittel, 248.

명히 확인할 수 있다. 그분은 자신의 일생을 이 한마디로 요약하셨다: "εδοξάσθη ο υιος του ανθρώπου και ο θεος εδοξασθη εν αυτω(인자 가 영광을 받았고 하나님도 인자로 말미암아 영광을 받으셨도다)"(요 13:31). 즉, 하나님께서 는 그리스도로 하여금 아버지의 영광을 계시하게 하셨고, 그렇게 함으 로써 그분은 자신의 영광과 하나님의 영광이 하나라는 증거를 주셨다.[34]

요한에게 있어서 그리스도의 전 생애에 나타난 영광은 예수님의 십 자가 죽음에서 절정을 이룬다. 요한은 그리스도의 영광을 십자가에서 의 죽음과 동일시한다. 갈보리에서의 공포와 굴욕의 순간에 예수님과 아버지의 영광이 가장 온전히 빛난다. 요한에게 하나님은 사랑이시다. 하나님의 사랑의 현현은 그리스도 안에서 드러난다. 하나님의 영광의 유일한 계시는 하나님의 구원하시는 사랑이신 그리스도이시다. 하나 님의 구원하시는 사랑은 그리스도의 완전한 순종과 십자가에서의 죽 음에서 탁월하게 드러난다.[35] 즉, "[그리스도의] 십자가의 죽음은 사랑 의 희생 제물로서 하나님의 영광의 가장 높은 표현"인 것이다.[36] 요한 에게 있어서 인간의 영광을 위한 사랑은 하나님의 영광을 위한 사랑과 반대되는 개념이다. 전자는 사람이 주는 명예, 명성, 인정을 구하는 것 이고, 하나님의 영광을 위한 사랑은 하나님이 주시는 십자가의 길을 구 하는 것이다.[37]

---

34. A. J. Vermeulen, The Semantic Development of Gloria in Early-Christian Latin (Nijmegen: Dekker & van de Vegt, 1956), 16.

35. Thomas A Hoffman, "A.M.D.G. according to John", Review for Religious Life 48 (1989): 596.

36. Paulos Mar Gregorios, "Human Unity for the Glory of God", Ecumenical Review 37 (1985): 207.

3. 바울서신에 나타난 하나님의 영광

비록 다른 관점이지만, 요한과 마찬가지로 바울도 그리스도의 십자가를 하나님의 참된 영광이 드러나는 장소로 본다. 바울에게 십자가는 하나님과 온전히 일치하는 삶의 완성과 충만함이며, 이로써 하나님의 위엄과 능력이 자기 비움의 사랑으로 계시된 것이다. 이러한 자기 비움의 사랑이 실은 죄와 죽음의 권세를 이기는 하나님의 절대적인 능력이라는 사실은 부활의 빛 아래서야 비로소 드러나게 되며, 이런 의미에서 십자가와 부활은 본질적으로 일치한다. 그리스도의 십자가와 부활은 바로 삼위일체적 자기 비움의 사랑의 신비로 드러난 하나님의 영광이다. 다시 말해, 하나님은 초월자이시지만 그분의 피조물을 변형시킨 죄와 죽음 속으로 친히 들어가셔서 그 안에서 사랑의 연대를 통해 당신께서 사랑하시는 세상을 구원하실 수 있는 충분한 능력이 있음을 드러내신 것이다. 바울에게 있어서, 그리스도께서 영광스럽게 다시 오셔서 하나님께서 모든 것이 되시는 세상 끝에는 예수 그리스도의 삶과 죽음, 부활을 통해 단번에 나타난 신성한 사랑의 영광이 온전히 확립될 것이다.[38] 그러나 그리스도인은 부활하신 그리스도의 영광에 참여하기 위해 그리스도의 재림을 기다릴 필요가 없다. 그들은 그리스도의 형상으로 변화됨으로써, 즉 이전 단계의 영광에서 다음 단계의 영광으로 끊임없이 전진하는 변화의 역사를 통해, 부활하신 그리스도의 영광에 이미 참

---

37. 요 12:43, 13:31. J. J. Navone, "'Glory' in the Pauline and Johannine Thought," Worship 42 (1968): 50을 보라.

38. Kominchak, 419.

여하고 있다.[39] 부활하신 그리스도의 영광에 대한 신자들의 이러한 참여는 그리스도의 재림의 순간에 절정에 달할 것이다.

구약과 신약 모두에서 하나님의 영광은 온 세상의 구원을 위한 하나님의 사랑의 행동과 주된 관련이 있다. 그러나 신약성경에서는 하나님의 구원, 자기 계시, 그리고 그분의 영광이 예수 그리스도의 인격 안에, 특히 그분의 삶과 죽음, 부활 속에 드러난다. 공관복음서에서는 예수 그리스도의 신성을 고백하는 것을 하나님께 영광을 돌리는 것으로 간주한다.[40] 요한복음에 따르면, 그리스도께서 우리를 선택하셨을 때는 우리로 하여금 세상에서 그분의 존재가 되고, 그분의 사명을 수행하며, 우리의 삶 속에서 아버지의 사랑과 선하심을 본받게 하시기 위함이었다. 아버지의 구원의 사랑이 세상에 온전히 드러날수록 하나님의 영광이 더 크게 드러날 것이다. 이런 의미에서 요한은 거룩함에 대한 우리의 헌신을 예수님의 구원 행위에 대한 우리의 참여 및 하나님의 영광과 동일시한다.[41] 바울에게 있어서 하나님의 영광은 또한 파스카 신비에 참여함으로써 세상을 위한 그리스도의 구원 행위에 우리가 협력하는 것을 의미한다. 바울은 사도적 삶을 "예수 그리스도의 얼굴에 있는 하나님의 영광을 아는 빛을 우리 마음에" 반영하는 것으로 생각했다.[42]

---

39. 고후 3:18; Navone, 49를 보라.
40. John L. McKenzie, <u>Dictionary of the Bible</u> (Milwaukee: The Bruce Publishing Co., 1965), 314.
41. Hoffman, 597-598.
42. 고후 4:6.

이냐시오의 영성과 현대 한국 개신교인 사이의 진정한 대화는 두 대담자들이 대화의 주제를 중요하게 여길 때에만 가능하다. 지금까지 우리는 대화의 주제를 우선시하는 데 방해가 되는 몇 가지 장애물을 제거하려고 시도했다. 이 시도는 이냐시오가 전투적인 반종교개혁자가 아니었으며 이냐시오와 초기 예수회 사역의 주된 목적은 종교개혁에 반격하는 것이 아니라 개혁을 통해 하나님의 영광을 증진하는 것, 즉 마음의 변화라는 사실을 보여줌으로써 수행되었다. 가톨릭 신자였던 이냐시오의 영성이 어떻게 한국 개신교인들을 위한 적합한 자원이 될 수 있을까 하는 의구심은 그의 하나님의 영광 개념이 성경에 근거하고 있다는 사실에 의해 해소될 수 있을 것이다.

그림 하종순

제2장

로욜라의 이냐시오의 삶:

헛된 영광에서 하나님의 영광으로 탈바꿈한 본보기

"세상이 하나님의 위엄으로 가득 찼다.

펄럭이는 금박의 빛, 불이 튀어나올 게다;

짜낸 기름처럼 흘러, 모이고 커진다, 위대함에 이른다…"[1]

'하나님의 (더 큰) 영광'이라는 주제는 로욜라의 이냐시오의 삶뿐만 아니라 종교적 고전으로 여겨지는 그의 저서 『영신수련』 전반에 내재한다. 이번 장은 이냐시오의 해당 개념에 관한 다음의 두 가지 소고를 제시하는 것을 목표로 한다: 1) 하나님의 (더 큰) 영광 개념이 개인 이냐시오의 삶의 자취에 더불어 『영신수련』에 아로새겨진 주요한 특징이라는 점을 밝히고, 2) 그것이 이냐시오 영성의 핵심적 특징으로 자리매김한다는 주장이다.

원활한 논증을 위해 다음의 세 가지 핵심 질문들이 마련되었다: 첫째,

---

1. Gerard Manley Hopkins, <u>The Poems of Gerard Manley Hopkins</u> (Oxford: Oxford University Press, 1984), 66.

하나님의 (더 큰) 영광 개념은 어떻게 이냐시오 영성의 핵심적 특징이 될 수 있는가? 둘째, 이냐시오의 하나님의 (더 큰) 영광 개념의 특징은 무엇인가? 셋째, 이냐시오의 하나님의 (더 큰) 영광 개념은 어떻게 개인 신앙적 차원과 사회 봉사적 차원의 통합을 위한 토대가 될 수 있겠는가? 첫 번째 질문에 답하기 위해서, 나는 영광 개념 일반에 관한 이냐시오의 조망이 그의 삶의 궤적 전체에 걸쳐 스며들어 있음을 보여줄 것이다. 더나아가, 하나님의 (더 큰) 영광에 대한 그의 조망은 『영신수련』 전체의 내적 역동성을 채우고, 이에 활기를 불어넣는다는 점을 밝힐 것이다. 두 번째 질문에 대해서는, 만레사(Manresa)에서 이냐시오가 직접 겪고 『영신수련』 안에 담아낸 그의 신비체험에 비추어 하나님의 (더 큰) 영광 개념을 탐구하고 이를 중세의 하나님의 영광 개념에 맞대어 이냐시오 특유의 표현적 특징을 찾아냄으로써 답할 것이다. 앞의 두 대답 위에, 그의 하나님의 (더 큰) 영광 개념이 삼위일체 하나님과의 신비적 연합과 (인류를 위한) 봉사의 신비주의를 서로 통합시키는 토대가 됨을 밝히고, 이것이 초기 예수회의 사역에서 '행동의 한복판에서 관상하기' 또는 '모든 것 안에서 하나님 발견하기'로서 열매를 맺는다는 점을 보여줄 것이다.

A. 젊은 시절 형성 배경

여기서는 하나님의 (더 큰) 영광이 이냐시오의 전 생애 여정의 중심에 있으며, 그러므로 그의 생이 바로 헛된 영광에서 하나님의 영광으로 초점을 옮겨 맞춘 변화의 본보기임을 보여주는 것을 목표로 한다. 이냐시오의 생애를 올바로 이해함으로써 우리가 그의 하나님의 영광 개념을 포괄적으로 파악하는 데 있어서 도움을 얻을 것이다. 이것보다 더 구체적인 그림은 이어서 다룰 그의 신비체험에 대한 이해에서 주어질 것이다. 이냐시오의 회심을 포함하는 전 생애를 올바로 이해하기 위해서는 그의 성장기를 제대로 이해할 필요가 있다. 따라서 성장기의 이냐시오가 품었던 속세적 명예와 영광에 초점을 맞추어 명예 중심의 스페인 사회, 기사도의 이상, 헛된 영광의 본성이라는 세 가지 형성 배경을 탐구하는 것으로 논의를 시작하려 한다. 그런 다음 이냐시오의 전 생애 여정에서 하나님의 영광이 차지하는 중심성을 세 가지의 발달 단계로—즉, 헛된 영광, 헛된 영광과 하나님의 영광 사이의 내적 갈등, 그리고 하나님의 영광으로— 나누어 제시할 것이다.

1. 스페인의 주요 사회 원칙으로서의 명예

이냐시오 시대의 스페인에서 명예는 스페인 사람들의 행동을 결정하는 가장 중요한 열정이었으며, 일상생활은 물론 영적인 삶에서도 때로는 생명 자체보다 우선시되는 가치였다.[2] 그러나 명예에 대한 개념은 스페인 사회의 발전과 함께 변화했다. 스페인의 '레콩키스타(Reconquista)'[3]

---

2. Marcelin Defourneaux, <u>Daily Life in Spain in the Golden Age</u> (London: George Allen and Unwin Ltd, 1970), 29-35; Bartolomé Bennassar, <u>The Spanish Character</u>, tr. Benjamin Keen (Berkeley: University of California Press, 1979), 213-214.

3. '재정복'을 의미하는 스페인어로, 레콩키스타(*Reconquista*)는 "711년부터 이베리아반도를 점령하기 시작한 무슬림으로부터 영토를 회복하기 위해 기독교 세력이 벌인 캠페인"을 의미한다. 일반적으로 재정복은 "아스투리아스의 코바동가 동굴(718년)에서 기독교 족장 펠라요의

기간 동안 명예는 개인의 자질에 기반하였고, 기사도적 덕목에 포함되었다. 명예는 당대의 개인적 영웅주의를 키우는 모판으로서 작용하였는데, 이러한 영웅주의는 스페인의 기독교 왕국과 그 문명이 생존하고 확장하는 데 있어서 꼭 필요했던 일상적 관행이었다.[4] 그러나 명예는 점차 개인의 자질이나 기사도적 덕목의 수준을 넘어 공적인 평판의 영역에 들어섰다.[5] 명예가 전적으로 대중적 여론에 의존하게 된 것이다. 이에 따라, 개인이 영위했던 명예는 상실에 취약해졌다. 명예를 가진 사람들이 딱히 부끄러운 행동을 하지 않았음에도 대중의 의견에 따라 쉽게 명예를 잃는 것이 가능했기 때문이다.[6] 이런 맥락에서, 모욕을 당한 사람은 목숨을 걸고 자신의 명예를 지켜내야만 했다. 이냐시오의 시절에는 이미 타인의 평판이 개인의 명예를 볼모로 잡고 있었다. 따라서, 청년 이냐시오를 포함한 스페인 사람들은 대중적 여론의 종이 되었다.

승리"로 시작되었다는 것이 정설로 받아들여지고 있다. 13세기 말에는 정복의 주요 동력이 끝났지만 정복의 정신은 1492년 스페인의 마지막 무슬림 왕국인 그라나다 왕국이 마침내 무너질 때까지 지속되었다. 레콩키스타는 "스페인 사람들 사이에 전사 윤리를 배양하고 종교적 십자군 개념을 강조했기 때문에" 사회적으로 큰 영향을 미쳤다. Bruce P. Lenman, ed., Dictionary of World History (New York: Larousse, 1995), 781.

4. Benjamin Keen, A History of Latin America (Boston: Houghton Mifflin, 1992), 38. 다양한 계급들이 명예에 대하여 보이는 미묘한 태도의 차이에 관해서는, Julio Caro Baroja의 "Religion, World Views, Social Classes, and Honor during the Sixteenth and Seventeenth Centuries in Spain", Honor and Grace in Anthropology, ed. J. G. Peristiany and Julian Pitt-Rivers (Cambridge: Cambridge University Press, 1992), 91-102를 보라. 또한 Teofanes Egido의 "The Historical Setting of St. Teresa's Life", Carmelite Studies 1: Spiritual Direction, ed. John Sullivan (Washington, D.C.: ICS Publications, 1980), 149를 보라.

5. Bennassar, 213-223. 19세기의 명예 개념이 파르티다스의 카스티야 법전(the Castilian Code of the Partidas)에 신중하게 정의되어 있다: "지위나, 고귀한 행동이나, 용기에 의해 얻어진 평판." 이 정의는 당시 명예의 개념이 이중적 의미를 가지고 있었다는 점을 보여준다. 하나는 개인적 행동 방침의 동기였고, 다른 하나는 사회적 지위와 연관이 있다.

6. Ibid., 215.

자신 인격의 가장 내밀한 영역을 타인의 의견에 종속시켰으니 말이다.[7]

십자가의 깃발 아래 스페인이 통일을 이루면서, 명예는 더더욱 '혈통적 순수성(*limpieza de sangre*)'에 의존하게 되었다. '순수한 혈통'은 무어인이나 유대인에 의해 '더럽혀지지 않은' 혈통을 의미했다. 당시 사람들은 무어인 혹은 유대인의 피가 섞인 가톨릭 신자들을 '새로운 그리스도인들(*conversos*)'이라고 불렀다. 기존 그리스도인들에게는 명예가 주어졌으나, 새로운 그리스도인들은 공적인 직위뿐만 아니라 종교적인 직위에서도 배제되는 차별을 겪어야만 했다. 결과적으로, 이냐시오 시대의 스페인에서 명예라는 것은 오직 사회적 편견과 교만, 심지어 헛된 영광만이 해석의 열쇠가 되는 사회적 관례였다.[8]

2. 기사도를 지향하는 이상적 동기로서의 명예와 영광

유럽 중세시대의 기사도는 대략 몇몇 관심의 초점에 따라 봉건적 기사도, 종교적 기사도(십자군), 그리고 궁정 기사도 등 세 가지의 유형으로 모둠 지을 수 있다. 봉건적 기사도의 주요 특징은 용맹, 충성심, 신뢰성, 관대함, 예절 그리고 명예와 영광이었다. 명예와 영광은 기사의 위대한 업적의 동기였다. 전쟁의 성격이 바뀌고 교회는 기사가 더 이상 물질적

---

7. Egido, 151.

8. Bennassar, 232. 1530년 코르도바 대성당은 콘베르소들이 사제단에 들어오는 것을 금지하는 규칙을 선포했다. 1547년 톨레도 대성당이 같은 규칙을 선포했다. 수도회들 역시 그들에게 엄혹했었다. 이미 1486년에 히에로니무스 수도회(*Jeronymite*)는 콘베르소를 배척하는 규칙을 만든 사실이 있다. 도미니크회는 좀 머뭇거렸다. 1525년 프란치스코회는 그들이 입회하는 것을 금하는 칙령을 클레멘스 VII세 교황으로부터 받아냈다. 하지만 그 칙령은 엄격히 적용되지는 않았다. 예수회는 오랫동안 이러한 대중적 의견에 저항했었지만, 1593년 양보하여 콘베르소의 입회를 거부하기로 했다. Ibid., 226을 보라.

이익을 위해 싸우지 못하도록 결정함에 따라, 기사가 싸우는 주요 동기는 물질적 이익을 통한 자신의 영지와 그 거주민의 보호에서 멀어지며 명예와 영광 그 자체로 옮겨가게 되었다.[9] 영광의 추구는 기사가 되려는 자들을 위해 적절하면서도 지배적인 동기가 되기에 충분한 듯했다.

교회는 봉건적 기사도의 이상에 특정 개념들을 추가함으로써 종교적 기사도의 이상을 형성했다. 사회적 약자들을 보호함과 동시에 폭압자들을 견제하고, 모든 적들로부터 교회와 믿음을 지키며, 삶의 모든 측면에서 기독교의 미덕을 실천하고, 교회의 명령에 순종하는 것이 새로 추가된 개념들이었다. 하지만 종교적 기사도의 상당 부분은 실제 삶에서 실천되기보다는 문학의 주제로서 기능했다.[10]

11세기 말부터 12세기의 처음 10년을 아우르는 시기에 프로방스 지방의 트루바드르(Provençal Troubadours) 집단에서 유래한 기사문학은 무어인들과 싸웠던 700년 동안의 레콩키스타의 열기에 의해 스페인에서 다시 살아났는데, 이것은 페르디난도(Ferdinando)와 이사벨라(Isabel)가 다스리던 통일된 스페인에서 그 정점에 이르렀다.[11] 기사문학의 세계에서 기사는 귀족 부인에게 봉사하는 자이며, 특히 모험을 하는 기사(knight-errant)의 주된 관심사는 자신의 귀부인의 명예를 지키는 것이었

---

9. John F. Wickham, "The Worldly Ideal of Inigo Loyola", Thought 29 (1954): 213-214; Sidney Painter, French Chivalry: Chivalric Ideas and Practices in Mediaeval France (Ithaca: Cornell University Press, 1961), 35-36. 페인터(Painter)에 따르면, 전쟁이—특히 지방 세력 사이에—일어났을 때, 기사가 전투에 참여했던 주된 동기는 그의 영지와 거주민 보호였다. 전쟁의 성격이 봉건제후들 사이의 다툼으로 변하고, 징집이라는 봉건적 의무가 보수를 받는 기사들에 의해 대체됨에 따라, 그들이 싸웠던 유일한 동기는 봉급, 전리품, 몸값과 같은 이익으로 변했다.

10. Painter, 84-85.

11. Wickham, 215-217.

다. 이러한 궁정 기사도의 관념은 사실상 스페인 레콩키스타 동안 행동에 옮겨졌다.[12]

로욜라의 이냐시오는 그가 회심하기 전의 세월 동안 궁정 기사도 문학을 매우 좋아했다. 기사문학의 주된 관심은 기사 자신과 귀족 부인, 이 둘의 명예와 영광에 있었다. 이냐시오 시절의 스페인에서 궁정 기사도의 전형은 『아마디스 데 가울라(*Amadís de Gaula*)』라는 소설에 제시되었다. 자신의 신분을 숨긴 채 모험을 찾아 떠나는 아마디스의 주된 동기는 명예의 회복이었다. 애초에 그가 자신의 명예를 잃었다고 느꼈던 이유는 자신의 봉사 대상이었던 오리아나가 모든 모험적 활동을 금지하였기 때문이었다.[13] 바로 이 아마디스는 이냐시오가 세상적 명예와 영광을 추구했던 세월 동안의 롤 모델이었다.

3. 헛된 영광의 본질: 하나님의 영광에 대한 거역

헛된 영광은 자신의 훌륭함을 드러내고, 이를 기화로 칭송과 명예와 영광을 얻고자 하는 무절제한 욕망이다.[14] 물론 영광과 명예를 추구하

---

12. 라스 시에테 파르티다스(*Las Siete Partidas*)로 알려진 카스티아의 법전에는 이렇게 적혀 있다(*Partida* II, 21 and 22): "기사들은 용맹성을 높이기 위해 자신들이 섬기던 귀족 부인들을 전투에서 기억하는 것이 현명하다고 생각했고, 이를 통해 마음을 다지고 합당하지 않은 행동에 대한 두려움을 더 크게 가질 수 있었다." Otis H. Green, Spain and the Western Tradition: The Castilian Mind in Literature from *El Cid* to Calderón, vol. I (Madison: The University of Wisconsin Press, 1963), 92를 보라.

13. José Ignacio Tellechea Idígoras, Ignatius of Loyola The Pilgrim Saint, trans. Cornelius Michael Buckley (Chicago: Loyola University Press, 1994), 118; Green, 14.

14. Monsignor Pietro Palazzini, ed., Dictionary of Moral Theology (Westminster: The Newman Press, 1962), 958.

는 행위 자체가 필연적으로 나쁜 것은 아니다. 하지만 우리가 그릇된 행실과 방법을 통해 영광을 얻고자 한다면 어찌 죄 없다 할 수 있겠는가. 아퀴나스는 다음의 세 가지 의미에서 영광이 헛될 수 있다고 언급하였다. 우선, 영광은 그 추구의 최종 목적에 따라 헛될 수 있다. 예를 들자면, 우리가 비존재(non-existent thing)를 비롯한 얄팍하고 순간적인 것들, 즉 애초에 영광의 가치가 없는 대상을 얻고자 한다면, 그것은 헛되다고 할 수 있다. 둘째로, 오류가 있는 사람으로부터 우리가 영광을 찾는다면, 그것은 헛되었다. 셋째로는, 영광을 추구하는 사람 그 자신 때문에 영광이 헛될 수 있다. 즉, 하나님의 명예나 이웃의 구원과 같은 올바른 목적으로부터 그의 욕망이 멀리 떨어져 있다면, 그 영광은 헛되다 할 수 있다.[15] 그러므로, 헛된 영광은 자신의 영광을 자기 자신 혹은 그 외부 세계의 무언가 유한한 것으로부터 구하려 하는 부적절한 욕망이다. 그들은 단지 필멸할 뿐인 인간과 그들의 불건전한 판단으로부터 영광을 찾는다. 헛된 영광은 하나님의 영광에 거역한다. 영광과 찬양은 오직 하나님께만 속해야 마땅하다.

---

15. Thomas Aquinas, Summa Theologiæ, trans. Anthony Ross & P. G. Walsh (London: Black-friars, 1966), II-II, q.132, a.1.

B. 헛된 영광으로부터
하나님의 영광에 이르는 이냐시오의 회심

앞서 언급했듯이, 이냐시오의 삶은 그가 추구했던 영광의 본질에 따라 세 가지 발전단계로 구분될 수 있다. 영광은 이냐시오의 삶 전체에 스며 있는 중요한 주제이다. 그것은 헛된 영광으로부터 하나님의 영광에 이르는 변화의 여정이기도 하다. 이러한 점은 그가 자신의 삶의 경험을 굳이 밝혔던 목적에 무엇보다 잘 나타나 있다. 예수회의 몇몇 구성원들은 이냐시오가 그의 삶의 경험을 기록해 주기를 요청하였는데, 특히 제로니모 나달(Jerónimo Nadal)은 끈질긴 편이었다. 그는 이냐시오의 개종 시점부터 하나님께서 그를 어떻게 주관하셨는지 설명을 듣기 원했고, 결국에는 그 설명이 공동체의 구성원들에게 모종의 증거가 되고 부성애적 교훈이 되기를 바랐다.[16] 그러나 이냐시오는 헛된 영광의 악덕에 지속적으로 저항해야만 했었다는 카마라(Cámara)의 고백을 들은 후에야 비로소 그들의 요청을 받아들였다. 카마라는 자신의 고백이 이냐시오의 예민한 곳을 건드렸다는 것을 미쳐 알지 못했다.[17] 나달의 경외심보다는 헛된 영광과 드잡이했던 카마라의 분투가 이냐시오의 긍정적인 반응을 이끌어낸 것이다.[18] 이 사건은 이냐시오가 자신 삶의 여정을 공

---

16. "Praefatio patris Natalis", 2; Quoted in Marjorie O'Rourke Boyle, Loyola's Acts: The Rhetoric of the Self (Berkeley: University of California, 1997), 16.

17. José Ignacio Tellechea Idígoras, Ignatius of Loyola: The Pilgrim Saint, 17.

18. Boyle, Loyola's Acts: The Rhetoric of the Self (Berkeley: University of California Press, 1997), 17.

개하게 된 목적을 드러낸다. 후안 폴랑코(Juan Polanco)가 주목하여 언급했던 것처럼, 이냐시오는 하나님께 받은 비밀스러운 은혜를 감추는 경향이 있었다. 만약 그 비밀이 언급되는 경우가 있다면, 그것은 오직 다른이의 교화를 위한 목적이었다.[19] 그러므로 이냐시오는 자신의 이야기를 카마라에게 털어놓음으로써 다른 이들을 헛된 영광으로부터 하나님의 영광으로 옮기어 해방시키는 것도 좋은 일이라고 판단 내렸던 것이다. 이 목적을 달성하기 위해, 이냐시오의 자서전은 그의 삶 속에 담겨 있는 영광의 궤적을 추적하는 방식으로 이야기를 풀어낸다. 그리고 그 궤적은 헛된 영광에서 하나님의 영광으로 이어진다.

1. 헛된 영광을 추구한 젊은 시절

영광의 궤적은 이냐시오가 젊은 시절 추구했던 세속적인 명예와 영광으로부터 시작한다. 이것은 그 자신의 고백에 잘 드러나 있다: "스물여섯 살 때까지만 해도 그는 [이냐시오] 세상의 헛된 부귀영화를 붙좇는 사람이었다. 명성을 손아귀에 넣겠다는 크고 헛된 욕망을 가지고 그는 군사훈련을 즐기고 있었다."[20] 당시 이냐시오가 추구했던 영광은 헛된 영광일 수밖에 없었는데, 그 시절 스페인에서 명예라는 것은 전적으로 공적인 평판에 달려 있었기 때문이다. 이와 더불어, 헛된 영광이란 타인에게 자신의 훌륭함을 인정받고자 하는 과도한 욕망이기도 하

---

19. Idígoras, <u>Ignatius of Loyola: The Pilgrim Saint</u>, xxv.
20. 로욜라의 이냐시오, 『로욜라의 성 이냐시오 자서전(=자서전)』, 한국 예수회 옮김 (서울: 빅벨, 1997), [1]. 이후, 본문에서 『자서전』 [숫자]의 형식으로 표기.

기 때문이다.

속세적 명예와 영광을 향한 이냐시오의 갈망은 그가 아레발로(Arévalo)에서 후안 벨라스케스 데 케야르(Juan Velázquez de Cuéllar)의 신하로서 지냈던 십 년 이상의 기간 동안 형성되어 자랐다. 사춘기로부터 성년에 이르는 형성기 동안, 이냐시오는 "세속적인 소설책, 기사들의 무용담이 담긴 책들을"(『자서전』[5]) 접했고, 그의 공상은 기사도의 이상, 특히 궁정 기사도의 이상으로 가득 차게 되었다. 말하자면, 무엇보다도 그것은 어린 이냐시오의 마음을 채웠던 헛된 영광에 대한 갈구였다.

헛된 영광을 바라는 이냐시오의 갈망은 그가 뒤이어 안토니오 만리케 데 라라(Don Antonio Manrique de Lara) 공작을 섬기게끔 하는 추동력이 되어 주었다. 비록 직업적인 군인은 아니었지만, 군대의 경험 없이는 속세적 명예를 얻을 수 없었던 당시 사회의 분위기 속에서 이냐시오는 무예를 연마하였으며 군사적 행위에 참여하였다. 그 와중, 팜플로나(Pamplona)의 일화는 헛된 욕망에 맞추어진 그의 시계(視界)와 이에 따른 감당 못할 결과를 함께 드러내 준다. 팜플로나를 공격해 온 프랑스 군대와의 전투에서, 그는 기사의 미덕에 비추어 볼 때 퇴각은 수치라고 생각했다. 다른 이들이 그에 대해 어떻게 생각하고 말할지 무척이나 의식했던 이냐시오는 영웅적인 모험에 뛰어듦으로써 죽음의 위험을 감수했는데, 이것은 헛된 영광의 광기에 굴복하는 행위였다. 훗날, 그는 그때의 결정이 잘못되었다고 인정하였다. 그리고 당시 팜플로나가 방어에 성공할 상황이 아니었다고 인정하였다. 그는 또한 "내적 어려움이나 부끄러움, 세상의 명예에 대한 두려움"[21]이 정확히 헛된 영광의 속성에 부합한다는 것을 문득 깨달았다. 그리고 그 부정적인 정념들이 자유로이 하나님을 섬기고 오직 그의 영광만을 바라는 자에게는 방해물이 될 뿐이란 것도 깨우쳤다.

헛된 영광을 추구했던 이냐시오의 경향은 자신의 다리에 난 혹을 제거하고자 결심했었던 그의 동기에서도 드러난다. 신체적 기형은 낮아진 사회적 지위를 의미했으므로 이냐시오는 그 혹을 보고만 있을 수 없었다. 그의 헛된 욕망과 신체적 기형을 향한 혐오는 그로 하여금 추가적인 수술을 갈망하도록 부추겼다.[22]

2. 내적 갈등: 헛된 영광과 하나님의 영광 사이

(1) 회심의 과정 동안 헛된 영광과의 내적 투쟁

이냐시오의 삶에 있어서 영광의 궤적은 점차 내면의 투쟁으로 옮겨갔다. 병상에서 회심을 체험하는 동안 그는 헛된 영광과 하나님의 영광 사이를 오갔다. 이냐시오의 회심은 두 권의 종교적 책을 읽음으로써 시작되었는데, 그 책들은 로욜라에서 구할 수 있는 유일한 책들이었다. 『성인열전』과 『그리스도의 생애』, 두 권의 책을 통해서 그는 하나님의 영광의 신비로운 세계를 처음으로 접할 수 있었다. 특히 종교적 기사도를 다룬 『성인열전』은 이냐시오가 이전에는 꿈도 꾸지 못했던 영광의 원천을 드러내 주었다. 그리고 그 원천은 성인들을 "하나님

---

21. 로욜라의 이냐시오, 『로욜라의 성 이냐시오 영신수련』, 정제천 옮김 (서울: 이냐시오영성연구소, 2010), [9]. 이후, 본문에서 [숫자]의 형식으로 표기.

22. Boyle, Loyola's Acts, 30.

의 기사들"로 묘사하는 책의 도입부에서 찾아볼 수 있다: 그들은 하나
님의 영광의 중심에 있는 "그리스도 예수라는 영원한 왕자"를 위해 봉
사하며 그리스도의 "언제나 승리하는 깃발"을 따른다.[23] 하나님의 기사
라는 관념은 이냐시오의 상상력을 자극하였다. 그는 왕과 귀부인을 위
한 기사적 봉사에 의해 도달할 수 있는 세상의 명예와 영광 안에 진실
되고 무한한 영광이 있지 않다는 것을 깨달을 수 있었다. 오히려 그러
한 영광은 "영원한 왕자인 그리스도 예수께서 이루신 모든 이적의 조
화로운 역사", 특히 "그분께서 우리를 위해 겪으신 신성한 수난과 죽
음", 그리고 그분의 기사들인 성도들의 삶과 고난에 있음을 알게 된 것
이다.[24] 이냐시오는 다른 왕, 다른 왕국, 새로운 깃발, 그리고 다른 기사
들에 대한 이미지들을 소환해 내기 시작했다.[25] 그 결과, 기사도적 봉사
를 통해 헛된 영광을 얻고자 했던 그의 열망은 그리스도의 기품 넘치는
기사가 되어 하나님의 영광에 참여하고자 하는 새로운 열망에 의해 점
진적으로 대체되었다.[26]

그럼에도 불구하고, 세속적 명예와 영광에 대한 욕망은 이냐시오의

---

23. De Joseph Guibert, The Jesuits Their Spiritual Doctrine and Practice: A Historical Study,
trans. William J. Young (Chicago: the Institute of Jesuit Sources, 1964), 26; Joseph N. Ty-
lenda, "The Books that Led Ignatius to God", Review for Religious 57 (1998): 290. 이 두
책이 이냐시오의 회심, 특히 하나님의 구원 계획에 대한 그의 이해에 미친 영향에 대해서는
Gilles Cusson, Biblical Theology and the Spiritual Exercises, trans. Mary Angela Roduit and
George E. Ganss (St. Louis: the Institute of Jesuit Sources, 1988), 8-22를 보라.

24. Flos Sanctorum, fol, A, 2 v; Quoted in Pedro Leturia, Íñigo De Loyola, trans. Aloysius J.
Owen (Chicago: Loyola University Press, 1965), 94.

25. Idígoras, Ignatius of Loyola: The Pilgrim Saint, 121.

26. George E. Ganss, "General Introductions", in Ignatius of Loyola: Spiritual Exercises and
Selected Works, ed. George E. Ganss (New York: Pualist, 1991), 16.

마음에 여전히 남아 있었다. 그의 마음은 헛된 영광과 하나님의 영광에 대한 생각들이 서로 전쟁을 벌이는 전장이 되었다.[27] 하지만 이냐시오는 하나님의 은혜 아래서, 헛된 영광과 하나님의 영광이 번갈아 일어나는 동안 떠오르는 생각들을 계속 묵상하면서 마음속의 여러 영들의 운동을 분별할 수 있었고, 마침내 과거 삶의 방식과 단절할 수 있었다.[28] 이 단절의 확증은 성모께서 성자와 함께 있는 환상을 통해 이루어졌다. 이 환상을 본 후, 이냐시오는 "지난날의 생활 전체, 특히 육(肉)에 따른 행실에 대해 심한 혐오감을 느꼈으며, 전에 머릿속에 그리던 모든 상상들이 말끔히 씻겨나간 것 같은 기분을 느꼈다"(『자서전』 [10]).

(2) 회심 이후 지속된 헛된 영광과의 내적 투쟁

이냐시오가 자신의 과거 생활에 혐오를 느끼게 되면서, 헛된 영광의 유혹은 더욱 심해지고 기만적이 되었다. 그는 하나님에 대한 봉사, 즉 하나님의 영광을 가장하는 형태의 헛된 영광에 맞서 더욱 심각한 투쟁을 벌였다. 회심 이후 이냐시오는 과거 성자들이 했었던 방식 그대로 하나님의 영광을 위해 행동하기를 원했기 때문에 내면보다는 고행과 외적인 행위에 더 많은 관심을 기울였다. 그는 "무작정 위대한 성인들이 하나님의 영광을 위해서 그러한 행업들을 했기 때문에 자신도 그렇게 하겠다는 것뿐이었다"라고 털어놓았다(『자서전』 [14]). 비록 이냐시오

---

27. "자기가 성취하고 싶은 세속적인 업적에 관한 공상과 머리에 떠오르는 하나님의 업적에 대한 생각이 그의 마음을 지배하고 있었다. 그는 생각에 지쳐서 그것을 떨쳐버리고 다른 일에 마음을 돌려버릴 때까지 오랫동안 그 생각에 잠겨 있곤 했다"(『자서전』 [7]).
28. Idígoras, <u>Ignatius of Loyola: The Pilgrim Saint</u>, 137, 127-129.

가 하나님의 영광을 추구하기 시작했다고는 하지만 여전히 그의 목적은 위대한 외적 행위, 타인의 관찰, 그리고 자신의 탁월함에 대한 그들의 칭송에 초점을 맞추었던 것이다. 그리고 그것은, 아퀴나스의 정의에 따르자면, 헛된 영광이었다.

그럼에도 불구하고, 노상에서 한 무어인을 만났던 일화는 이냐시오가 당시 명예 중심의 사회적 가치를 초월하기 시작했음을 암시한다.[29] 앞서 지적했듯이, 스페인은 '피의 순결성'에 사회적으로 집착했다. 그런 유의 순결성이 부족했던 그 무어인이 모든 순결한 피의 원천인 성모를 모욕했을 때, 기사도를 걷는 자라면 마땅히 귀부인의 명예를 지키기 위해 싸워야 했듯이, 이냐시오는 성모가 당한 불명예를 근거로 그에게 복수했어야 했다. 피의 순결성과 기사도의 이상에 비추어 볼 때, 성모 마리아의 명예를 지키기 위한 싸움을 피한다는 것은 매우 치욕스러운 일이었기 때문이다. 하지만 그는 싸우지 않았고, 결과적으로 이 일화는 이냐시오가 더 이상 세속적인 명예와 영광에 사로잡힌 노예가 아니었음을 잘 드러낸다.

---

29. "그가 여행을 계속해 가고 있을 때, 나귀를 탄 무어인 한 사람이 그에게 다가와 나란히 가며 서로 이야기를 나누게 되었다. 성모님께 관한 이야기에 이르자, 무어인의 말이, 동정녀께서 남자를 모르고 아기를 가졌다 하더라도 출산 이후까지도 처녀의 몸이라는 것은 믿어지지 않는다는 것이었다. 그리고 자기의 이론을 지지하기 위하여 무어인은 머리에 떠오르는 모든 자연 이치들을 끌어내 왔다. 이 순례자는 여러 가지 이유를 대어보았지만 끝내 그 사람의 의견을 꺾을 수는 없었다. 그러고 나서 무어인은 걸음을 재촉하여 눈앞에서 사라져 가버리고 말았다. 그는 혼자 가면서 무어인과 일어났던 일에 대해 곰곰이 생각해 보았다. 여러 가지의 착잡한 기분이 들고 영혼에 짜증 섞인 불만이 생기며 할 일을 다하지 못했다는 느낌이 들었다. 마땅히 성모님의 명예를 지켜드려야 했는데 무어인이 감히 성모님께 대해 그따위 못된 말을 하게 그대로 방치해 두었다는 생각이 들자 무어인에 대해 분노를 느끼게 되었다. 무어인을 찾아내어 단검으로 그를 한 대 치고 싶은 마음이 일어났다. 이 순례자는 그 목적과 그가 수행하고자 했던 의무가 무엇인지 분간하지도 못할 정도로 오랫동안 이 욕망의 싸움에서 허덕였다"(『자서전』 [15]).

헛된 영광을 대적하는 이냐시오의 투쟁은 몬세라트(Monteserrat)에서도 계속되었다. 그는 자신의 가문과 명성에 따르는 세간의 존경을 경계하여, 그가 소유했던 노새와 칼 그리고 단검을 기증했을 때 자신의 이름을 밝히기를 거부하기도 했다.[30] 게다가, 그가 동틀 녘 몬세라트로부터 급히 도피했던 이유도 그곳에서 인정받는 것이 두려웠기 때문이었다. 같은 이유로 그는 "바르셀로나에는 그를 알고 존경하는 사람들이 있기 때문에 그는 곧장 바르셀로나에 가는 길로 들지 않고 만레사라는 마을로 떠나기로 했다"(『자서전』 [18]). 헛된 영광에 대한 두려움이 그를 만레사로 이끌었고, 그곳은 바로 이냐시오가 오직 하나님의 영광만을 추구하는 새로운 사람으로 변화할 장소가 될 것이었다.

이냐시오가 만레사에서 싸웠던 헛된 영광은 금욕생활을 가장한 헛된 영광이었다.[31] 그는 이러한 헛된 영광에 맞서기 위해, 즉 사람들의 존경을 피하기 위해, 구걸하고 채식하며 머리카락과 손톱을 지저분하게 기르고 머리를 가리지 않음으로써 자신의 명예를 의도적으로 훼손하려고 했다. 하지만, 이러한 자기 굴욕이 헛된 영광으로부터의 해방을 반드시 증명하는 것은 아니다. 과도한 방임은 오히려 헛된 영광으로부터 완전히 자유롭지 못하다는 표식이기 때문이다.[32]

---

30. Leturia, Iñigo De Loyola, 153.

31. 이냐시오는 이렇게 털어놓는다: "그는 사람들의 입에 오르내리는 것을 피해 만레사로 갔었지만 얼마 안 되어 몬세라트에서 일어난 이야기가 쫙 퍼져 사람들이 그 사건들에 대해 말하고 있어서 그곳에서도 오래 머물 수 없었다. 사람들은 그가 굉장한 재산을 내던졌다느니 하는 등, 사실보다 과장된 이야기를 퍼뜨리고 있었던 것이다"(『자서전』 [18]).

32. Boyle, Loyola's Acts: The Rhetoric of the Self, 71-73.

3. 오직 하나님의 영광만을 위한 삶

만례사에서의 신비로운 체험을 통해 얻은 하나님의 가르침 덕분에, 이냐시오의 영광의 궤적은 하나님의 영광의 영역에 확고히 자리 잡을 수 있었다. 이곳에서 그는 오직 하나님의 더 큰 영광을 추구하는 새로운 사람으로 변화하였다. 그는 하나님의 직접적인 임재, 특히 "만물을 존속하게 만드는 그분의 위엄, 피조물을 향해 발산하는 창조적인 삼위일체를 통한 신적 영광의 하강하는 운동"을 경험했다.[33] 삼위일체 하나님의 영광, 이 실체와의 만남은 하나님의 영광에 대한 그의 개념에 큰 영향을 미쳤다. 이에 대해서는 나중에 더 자세히 다루게 될 것이다.

이냐시오가 경험한 신비적인 환상과 위대한 깨달음은 헛된 영광에 맞선 그의 투쟁에 중요한 전환점을 가져왔다. 그는 많은 눈을 가진 십자가 앞의 그 형상이 악마라는 것을 분명히 인식했다.[34] 처음엔 그를 유혹했고 나중에는 성가시게 했던 그 뱀은 이냐시오의 구원을 가장 심각하게 위협했던 헛된 영광을 상징하며, 그 환영은 이냐시오가 스스로에 대해 가지길 바랐던 깊이 숨겨진 이미지를 반영하는 일종의 거울을 상징한다.[35] 십자가의 빛 안에서, 이냐시오는 많은 눈을 가진 그 뱀의 본

---

33. François Courel, "St. Ignatius and the Greater Glory of God", in <u>Finding God in All Things</u>, trans. William J. Young (Chicago: Henry Regnery, 1958), 26.

34. "한참 만에 그 비추임이 끝나자 그는 십자가 곁에 무릎을 꿇고 하나님께 감사를 드렸다. 그러자 여태까지 여러 번 나타났지만 그 의미를 깨닫지 못했던 환시, 즉 수많은 눈동자를 가진 그토록 아름다운 형상이 또 나타났다. 그렇지만 십자가 앞에 무릎을 꿇은 채로 그 형상을 뚜렷이 바라보니 그 물체가 여느 때 보이던 아름다운 색깔을 하고 있지 않았으며, 거기서 그는 그것이 악마로부터 오는 것임을 똑똑히 알았고 자기 의지를 굳게 확인하였다"(『자서전』[31]).

35. Idígoras, 190. 보일(Boyle)은 눈과 같은 많은 것을 가진 날아다니는 뱀은 뱀이 아니라 헛된 영광과 자부심, 그리고 궁극적으로 이냐시오 자신을 상징하는 공작새라고 지적한다. Boyle,

성을 보았다. 십자가는 이냐시오에게 큰 깨달음의 원천이었고 헛된 영광의 악덕에 대한 해독제는 십자가에 달려 죽으신 예수님의 겸손이었다. 십자가와 비교해 볼 때, 눈이 많은 그 뱀은 영광을 잃어버렸고 그것의 아름다움은 추악함으로 변했다. 이냐시오에게 있어서 십자가는 헛된 영광이나 자기 영광이 결국 죽는 곳인 동시에 하나님의 영광이 온전히 비추는 장소이다. 이곳에서 십자가의 길은 진정한 영광의 원천일 뿐 아니라 하나님의 영광을 헛된 영광과 구분하는 진정한 방법론이다. 이냐시오는 하나님의 영광이 위대한 외적 행위를 하는 데가 아니라, 십자가에 못 박혀 고난 받으신 그리스도를 따르고 섬기는 데에 있음을 깨달았다. 훗날 이냐시오는 이 깨달음을 그의 '왕국 묵상'에서 표현했다.

만레사에서의 신비체험을 통해 이냐시오는 자신의 삶에서 새로운 길을 발견하였다. 이제 그의 관심은 더 이상 위대한 외적 행위를 하는 데에 있지 않았고, 오히려 내적인 변화와 그리스도와 함께하는 수난과 하나님을 섬기는 일에 있었다. 바로 이곳이 하나님의 영광이 빛을 발하는 곳이기 때문이었다. 이에 따라, 이냐시오의 신비로운 체험은 하나님의 영광에 대한 그의 개념을 심화시켰을 뿐만 아니라 그를 오직 하나님의 더 큰 영광을 추구하는 사도로 변화시켰다. 그는 "완벽함을 몹시 갈망하고 있고, 하나님의 더 큰 영광을 위해서라면 무슨 일이든지 할 생각"(『자서전』 [36])이라며 자신의 고해성사를 들어주는 사제에게 밝

111, 121, 129. 커슨(Cusson)은 또한 이 유혹이 헛된 영광과 관련이 있을 수 있다는 데 동의한다. 그는 이를 "자기만족으로의 회귀, 내면의 자기 포기 대신 외적인 것을 추구하는 데 빠르게 소비되는 만족감, 관심을 끌고 누군가로 간주되고 싶은 욕망"의 표시로 간주한다. Cusson, Biblical Theology and the Spiritual Exercises, 24를 보라.

히기도 하였다.

회심 후 약 2년이 지난 후 이냐시오는 헛된 영광을 위한 치료법을 찾았다. 그 치료법은 "내 모든 일을 하나님께 자주 의뢰하고, 내 안에 있는 모든 선을 그것이 하나님께 속한 것으로 인식하면서 하나님께 드리기 위해 진지하게 노력하고, 또 그것으로 인해 하나님께 감사를 드리는 것"이었다.[36] 다시 말해, 이 치료법은 하나님의 영광을 향해 마음과 삶의 방향을 바꾸는 것이었다. 이것을 실천함으로써 이냐시오는 다른 사람의 칭찬이나 비방이 자신 영혼의 평화를 방해하는 것을 막을 수 있었다. 결국, 그는 사도직을 수행하면서 오직 하나님의 더 큰 칭찬과 영광만을 원하고 구하는 사람이 되었다.

예루살렘에서 돌아온 후, 이냐시오의 남은 삶은 라 스토르타(La Storta)에서의 신비체험을 통해 확인된 하나님의 영광을 사도적 봉사를 통해 추구하는 삶이었다.[37] 첫째로, 이것은 그가 오직 하나님의 더 큰 영광을 위해 스스로를 더 잘 준비하려는 목적으로 10년이 넘는 기간 동안 공부에 전념한 점에서 분명히 드러난다. 또한 그가 공부하는 동안 영신수련을 제공하고 기독교 교리를 가르치며 영혼을 돕는 일을 계속한 것도 하나님의 더 큰 영광을 위한 것이었다. 둘째로, 이냐시오는 그리스도를 위한 바보가 되었다. "이 세상에서 지혜롭고 신중한 사람으로서 존경을

---

36. Luis González de Cámara, "Author's Preface", [1], 『자서전』, Leturia 번역.

37. "로마를 몇 마일 남겨두고 하루는 어느 성당에서 기도하는데, 그는 자기 영혼에 크나큰 변화가 일어나는 것을 체험하였다. 그리고 성부께서 자기를 당신의 성자 그리스도와 함께 한자리에 있게 해주시는 환시를 선명히 보았으며, 성부께서 자기를 성자와 함께 있게 해주셨음을 추호도 의심할 바 없었다"(『자서전』 [96]). Hugo Rahner, The Vision of St. Ignatius in the Chapel of La Storta (Roma: Centrum Ignatianum Spiritualitatis, 1975), 99-100을 또한 보라.

받는 것"[167]을 거부하지 않거나 예수님의 어리석음에 참여하지 않고서 예수님의 동반자가 되는 것은 이냐시오에게 불가능한 것이었다.[38] 앞서 지적한 바와 같이, 이냐시오가 예수회를 설립한 목적은 그리스도를 본받아 하나님과 교회를 섬김으로써 하나님의 영광을 증진하고 영혼을 돕기 위함이었다. 셋째로, 이냐시오가 예수회에 유대인들을 기꺼이 받아들인 것은 그의 유일한 관심사가 피의 순결이 아니라 하나님의 영광이었다는 것을 분명히 보여준다.[39] 마지막으로, 이냐시오가 결국 헛된 영광과 관련하여 자신의 영혼 안에서 큰 평화를 발견하고 또 그것을 지켰다고 해서 헛된 영광에 맞선 그의 싸움이 완전히 끝났다는 것을 의미하지는 않았다. 이냐시오는 죽는 순간까지 헛된 영광과 싸웠으며, 이 문제에 대해 자신의 양심을 살피는 일을 멈추지 않았다.[40]

결론적으로, 이냐시오는 영광의 사람이었다. 그는 애초에 세상의 명예와 영광을 추구했었고, 이후 금욕주의라는 외적 행위를 통해 헛된 영광을 추구하였지만, 최종적으로는 십자가에 못 박히신 그리스도와 함께 고통받는 사도적 봉사 안에서 하나님의 더 큰 영광을 추구해 내었던 것이다. 일찍이 코두레(Codure)는 예수회 총장을 선출하는 과정에서 이냐시오를 "하나님의 영광과 영혼 구원을 위한 가장 열성적인 장인"

---

38. Peter-Hans Kolvenbach, "Fools for Christ's sake", (Rome: Gentrum Ignatianum Spiritualitatis, 1989), 28.

39. 이냐시오가 예수회에 받아들인 유대인은 라이네즈(Laínez)와 (아마도) 보르기아(Borgia)로, 두 사람 모두 이냐시오의 뒤를 이어 예수회의 수장으로 활동하게 된다. Idígoras, 447을 보라. 유대인에 대한 이냐시오의 태도에 대해서는 Keith Langstaff, "The Third Week of Ignatius Loyola's Spiritual Exercises and Anti-Jewish Overtones" (Th.D. diss., Toronto School of Theology, 1995)를 보라.

40. Guibert, The Jesuits, 66-67.

으로 묘사했는데, 이 말은 이나시오의 전 생애를 가장 잘 요약해 준다.[41] 그러므로 이나시오의 삶에 있어서 영광의 궤적은 그 최종 목적지를 하나님의 (더 큰) 영광에 두었으며, 이는 그의 삶의 중심이었고, 따라서 그의 전 생애의 핵심적인 특징이었다.

---

41. Idígoras, Ignatius of Loyola: The Pilgrim Saint, 434, 571.

그림 하종순

제3장

로욜라의 이냐시오의 신비체험 안에 드러난 하나님의 영광 개념

영광이라는 주제를 중심으로 한 로욜라의 이냐시오의 한평생은 하나님의 영광에 대한 전반적인 개념을 제공해 준다. 그것은 만레사에서의 신비체험에 깊은 뿌리를 두고 있으며, 십자가에 못 박히신 그리스도를 따르고 그분과 함께 고난을 겪음으로써 사도적 봉사와 밀접하게 연관되어 있다. 그의 삶의 여정은 또한 그에게 십자가의 길은 진정한 영광의 원천일 뿐만 아니라 하나님의 영광과 헛된 영광을 구별하는 진정한 방법론임을 보여주었다. 이제 우리는 이러한 일반적인 그림을 바탕으로, 만레사에서의 신비체험의 본질을 조사하여 이냐시오의 하나님의 영광 개념에 대한 보다 더 구체적인 그림을 그려야 한다.

A. 만레사에서 겪은 이냐시오의 신비체험

이냐시오의 하나님의 영광에 대한 개념은 만레사에서의 신비로운 체험 안에 확고히 뿌리내리고 그것에 의해 강화되었다. 만레사 이전에는 이냐시오가 외적인 고행을 통해 하나님의 영광을 추구하려 했지만, 만레사 이후에는 사도적 봉사를 통해 하나님의 영광에 더 도움이 되는 것을 추구하며 새사람이 되었다.[1] 여기서 우리는 이냐시오가 만레사에서의 신비체험을 통해 하나님의 영광을 향한 열정에 불타올랐고, 하나님의 영광에 대한 그의 관심은 더욱 구체화되었음을 알 수 있다.

그렇다면, 만레사에서 이냐시오에게 무슨 일이 있었는가? 이냐시오는 예루살렘으로 순례를 떠나는 도중에 헛된 영광을 피하고자 만레사로 향하게 되었는데, 그곳은 후에 이냐시오의 신비적인 삶 속에서 이른바 "카리스마적인 초대 교회"[2]라고 불리게 될 곳이었다. 능동적이며 수동적인 영혼 정화의 밤을 겪은 후에,[3] 이냐시오는 영혼을 가득 채우는 신성한 빛을 넘치도록 경험했고 곧 그의 내적 이해의 눈이 열리게 되었

---

1. 이냐시오가 자서전에서 하나님의 영광을 처음으로 언급한 것은 "특정한 상황 따위는 전혀 고려하지도 않았고 무작정 위대한 성인들이 하나님의 영광을 위해서 그러한 행업들을 했기 때문에 자신도 그렇게 하겠다는 것뿐이었다"라고 서술할 때이다(『자서전』 [14]). 두 번째는, 이냐시오가 만레사를 떠난 후 고해신부에게 바르셀로나에서 하나님의 영광을 위한 자신의 열심에 대해 이야기할 때 나타난다. 이냐시오는 "그는 자기가 완벽함을 몹시 갈망하고 있고, 하나님의 더 큰 영광을 위해서라면 무슨 일이든지 할 생각"이라고 말한다(『자서전』 [36]). 이냐시오가 만레사에 머물렀던 기간은 주로 이 두 시기 사이의 기간에 해당한다.

2. 이냐시오 자신이 만레사에서의 시간을 원초적 초대 교회(*primitiva iglesia*)라고 자주 언급했다. 각주 8에서 재인용. Adolf Haas, "The Foundation of Ignatian Mysticism in Loyola and Manresa", Centrum Ignatianum Spiritualitatis 39-40 (1982): 161을 보라.

3. See Haas, 164-171.

으며 신비적 환상이 이에 수반하였다.

만레사에서 신비체험의 내용은 무엇이었는가? 그의 『자서전』([28-30])
은 다섯 번의 신비적 사건을 언급하는데, 여기에는 하나님께서 이나시
오를 대하셨던 방식이 어떠했는지를 이해하는 단서가 담겨 있다. 그리
고 그 단서의 본질은 크게 두 가지의 주제로 분류될 수 있다. 그 첫 번째
주제는 바로 성삼위일체의 신비와 영광이다.[4] 이 삼위일체의 신비와 영
광은 이나시오의 만레사 체험뿐만 아니라 그의 신비주의 전체의 중심
인 것이다. 이 삼위일체 하나님과의 연합 안에서 이나시오의 영혼은 삼
위일체 하나님의 무한한 위엄과 선하심, 그리고 호감에 의해 압도당했
으며,[5] 이는 다름 아닌 성삼위일체의 영광으로만 불릴 수 있는 것이다.
이러한 경험을 바탕으로 이나시오는 나중에 하나님을 "신성한 위엄"
또는 "최고의 선하심"이라고 즐겨 부르기도 하였다.[6]

삼위일체의 신비적 환상 안에서, 이나시오는 두 가지 중요한 측면을
인식했다. 한편으로, 그는 삼위일체의 신비를 하나의 영속하는 관계 안
에서 인식하였는데, 이는 세 위격의 삼위일체와 신성한 본성의 절대적

---

4. "하루는… 그의 오성이 승화되더니 지극히 거룩하신 성삼위가 세 개 현(弦)의 형상으로 보
   이는 것이었다. 그러자 그는 눈물을 감추지 못하고 끝내는 흐느끼며 자제를 잃고 말았다….
   이 감격은 점심때가 되도록 눈물을 거두지 못하는 지경이 되었다. 점심을 먹은 후, 그는 크나
   큰 희열과 위안을 느끼며 여러 다른 비유를 들어가면서 지극히 거룩하신 성삼위에 관한 이야
   기를 계속했다…. 커다란 경건심을 체험했던 그 인상은 평생을 두고 결코 지워지지 않았다"
   (『자서전』 [28]).

5. Jean Danielou, The Ignatian Vision of the Universe and of Man (Jersey City: Program to
   Adapt the Spiritual Exercises, 1972), 358; John E. Dister, "The Core Experience of the Spir-
   itual Exercises and Ignatian Spirituality Today", in A New Introduction to the Spiritual Exer-
   cises of St. Ignatius (Collegeville: The Liturgical Press, 1993), 108.

6. Augustine G. Ellard, "Ignatian Spirituality", Review for Religious 50 (1991): 8.

일치, 이 둘 사이의 가장 깊은 신성한 역동성을 보여준다. 이 사실은 "그는 지극히 거룩한 삼위일체를 세 개 건반의 형태로 보았다"라는 그의 관념에 분명히 나타나 있다.[7] 한편, 이냐시오는 삼위일체의 내적 관계에 관한 신비뿐만 아니라 온 세상의 구원을 위한 삼위일체의 위대한 업적에 관한 신비도 파악했다. 다시 말해, 그는 삼위일체 하나님의 영광 그 자체뿐 아니라 "하나님의 신성한 영광이 위로부터 내려오고 만물이 그 영광스러운 현존 안에서 자신의 참된 존재를 갖게 된다는 사실"도 감지했다.[8] 모든 피조물에는 삼위일체의 신성한 영광이 현존한다. 하지만 삼위일체의 형상인 인간에게는 삼위일체의 신성한 영광이 더욱 온전하게 현존한다. 이냐시오는 "모든 하나님의 피조물 안에 지극히 거룩하신 삼위일체의 흔적과 유사성과 이미지가 있다"고 인식했다.[9] 즉, 이냐시오의 내적 이해의 눈이 열려 하나님께서 창조하신 모든 현실 속에서 삼위일체 하나님의 영광을 발견하고 감지하게 된 것이다. 따라서 이냐시오는 "지극히 거룩하신 삼위일체에 대해 다양한 비유를 사용하면서 이야기하는 것을 멈출 수 없었다"라고 고백했다.

또 다른 주요 주제는 세계와 구원에 관한 이냐시오의 비전 안에 자리

---

7. 보일(Boyle)은 삼위일체에 대한 이 신비로운 체험을 세 가지 음악적 조성의 형태로 된 사죄의 체험으로 해석했다. 이것은 이냐시오가 삼위일체 하나님의 현존을 모든 것에서 발견할 수 있었기 때문에 가능했다고 볼 수 있다. 삼위일체 하나님이 어떻게 사죄에 임재하셨고 이 사죄가 어떻게 작용했는지 이냐시오가 이해할 수 있었다고 생각하는 것이 합리적일 수 있는 것이다. 그러나 삼위일체에 대한 그의 신비로운 체험을 단지 사죄의 체험으로만 축소할 수는 없다. 이 신비적 체험은 다른 신비적 체험과 조화롭게 이해되어야 한다. 그들은 구원 역사의 전체 역동성, 즉 기독교 신앙의 본질에 관심이 있다. 이 해석에 관해서는 Boyle, 85-89를 참고하라.

8. Louis Dupre, "Ignatian Humanism and Its Mystical Origins", Communio 18 (1991): 177.

9. Haas, 175.

제3장

잡고 있는 그리스도의 중심성이다.[10] 모든 피조물 안에 있는 삼위일체와 더불어 그것의 흔적과 이미지를 아우르는 신비로운 비전은 하나님이 세상을 창조하신 방법이라는 또 다른 신비로운 비전과 깊은 관련이 있다. 그리스도는 하나님의 창조와 구원의 중심으로서 우뚝 서 있다. 이러한 그리스도 중심적 신비주의는 다음의 두 가지 비전을 통해 심화된다: 그리스도의 성사적 임재와 그리스도의 영화로운 인간성. 천지창조에 대한 비전은 삼위일체적이고 기독론적인 방법으로 해석되어야 한다.[11] 이냐시오는 하나님께서 그리스도를 통해 어떻게 세상을 창조하셨는지를 파악하고, 그러한 연유로 그리스도를 창조주이자 주님으로 모셨다. 그에게 그리스도는 하나님과 마찬가지로 창조주이시다[53]. 결과적으로, 이냐시오는 하나님이 모든 피조물 안에 임재하셔서 그들을 창조하시고 그 안에서 일하시는 것을 경험하였다. 뿐만 아니라, 모든 피조물 안에 현존하는 것은 또한 그리스도시라는 통찰도 얻게 되었다.[12]

그리스도의 편재성에 대한 이냐시오의 이해는 다음의 두 가지 비전

---

10. Danielou, 359.

11. "하나님께서 세상을 창조하시던 손길로 언젠가 자신을 비추어주셨는데, 그는 거기에서 위대한 영성의 환희를 맛보았다. 그가 느끼기로는 하얀 물체를 본 듯도 하고 그 물체에서 몇 줄기 광선이 흘러나오는 듯도 했는데, 하나님께서 그 물체로부터 빛을 내보내시는 것이었다"(『자서전』[29]).

12. 하스(Haas)는 이 환상을 이냐시오의 창조주와 피조물에 대한 후기 개념과 그의 자서전[29]에 나오는 두 가지 환상에 비추어 해석한다. 하스는 이냐시오의 초기 개념이 그의 초대 교회로서의 만레사에서 발견된다고 가정한다. 또한 하스는 다음에 오는 두 환상에 비추어 "하얀 무언가"를 영원한 말씀이신 그리스도로 생각한다. 다음 환상에서 이냐시오는 "위로부터 내려오는 하얀 광선 같은 것"을 "우리 주 예수 그리스도께서 그 지극히 거룩한 성체 안에 계셨던 모습"이라고 해석한다. 또한 이냐시오는 이어지는 환상에서 그리스도의 인성을 "하얀 몸"으로 묘사한다. 나는 이 환상을 삼위일체적이고 기독론적인 방식으로 해석해야 한다는 하스의 의견에 동의한다. Haas, 176-178을 보라.

들, 즉 성체성사와 그리스도의 인성 안에 있는 그리스도의 현존 안에서 더욱 깊어졌다.[13] 그리스도의 성사적 현존에 대한 비전에서, 성체 안에 존재하는 것은 그리스도의 몸이며; 창조의 비전에서는, 모든 피조물 안에 있는 것은 하나님으로서의 그리스도인 것이다. 그리스도의 편재성은 자기의 구체성을 비롯한 역사적, 성사적 밀도를 그리스도의 성사적 현존의 비전에서 얻는데, 이는 그리스도께서도 완전한 인간임을 보여주기 때문이다. 하스(Haas)는 다음과 같이 올바르게 지적한다: "그리스도의 성례전적 임재(몸과 영, 살과 피, 신성과 인성) 안에서 창조주이자 주님으로서 만물 안에 편재하시는 그리스도의 비전이 그 적절한 위치를 찾는다."[14]

그리스도의 성사적 현존에 대한 비전과 함께 그리스도의 인성에 대한 비전은 그리스도의 편재성이 온 세상의 구원과 관련한 실제적이고 구체적인 의미에 이르도록 해준다. 여기서 우리는 이냐시오가 그리스도의 영화로운 인성을 보았다고 말할 수 있는데, 이는 '흰 몸'이 영광스러운 몸을 의미하기 때문이다. 그리스도의 영화롭게 된 인성은 예수 그리스도의 인격 안에서 일어나는 신성과 인성의 가장 친밀한 결합을 의미할 뿐만 아니라 그리스도의 영광을 의미하기도 한다. 이냐시오는 그리스도의 영화로운 인성의 비전을 통해 그리스도를 하나님과 인간 사이의 궁극적인 중보자로 인식한다. 우리가 아버지 하나님의 영광에 들

---

13. "어느 날, 앞서 말한 수도원 성당에서 미사에 참례하고 있는데 거양성체 때 새하얀 광선 같은 것이 위에서 내려옴을 심안(心眼)으로 보았다. 먼 훗날에 와서도 그는 이 일을 제대로 설명할 수 없었다. 그러나 우리 주 예수 그리스도께서 지극히 거룩한 그 성사에 어떻게 현존하시는가 하는 사실을 그는 심안으로 분명히 보았던 것이다…. 그에게 나타난 형상은 그다지 크지도 작지도 않은 흰 몸체인데 지체는 뚜렷이 보이지는 않았다"(『자서전』 [29]).

14. Haas, 180.

어가려면 그리스도를 거쳐야 하고 그리스도 안에 있어야 한다. 이제 그리스도는 우리의 창조주이자 주님일 뿐만 아니라, 우리를 위한 중보자이시다. 결과적으로, 이냐시오에게 있어서 아버지 하나님과의 모든 직접적인 접촉은 하나님의 인성이신 예수 그리스도에 의해 중재가 되며, 그 관계는 영속적이다.[15]

이냐시오는 성삼위일체의 신비의 비전 안에서 하나님의 신성한 영광을, 하나님의 창조의 비전에서 모든 피조물 안에 깃든 그 동일한 영광을, 그리고 그리스도의 성사적 현존과 인성의 비전에서 하나님의 영광에 이르는 길로서의 그리스도의 영광을 보았다. 이러한 신비로운 경험은 단순히 육체적 혹은 공상적인 환상이 아니라 주로 지적인 조명(照明)이었으며, 그 안에서 하나님께서는 이냐시오가 기독교 신앙의 진리를 더 잘 이해하도록 자신의 본질을 전달함으로써 그를 인도하셨다.[16] 기독교 신앙의 진리에 대한 이러한 더 나은 이해는 이냐시오가 훗날 카르도넬(Cardoner) 강 유역에서 경험한 위대한 신적 조명을 통해 종합적인 형태로 완전히 달성될 것이었다.

---

15. Karl Rahner, "The Eternal Significance of the Humanity of Jesus for Our Relationship with God", in Theological Investigations III, trans. Karl-H and Boniface Kruger (Baltimore: Helicon Press, 1967), 35-46.

16. Ganss "Introduction", 30.

B. 카르도넬 강변에서 주어진 이냐시오의 신비체험

카르도넬 강변에서 이냐시오가 경험한 신비체험은 모든 신앙의 신비가 유기적으로 종합되고 조화를 이루는 통일적이고 지식체계론적인 (architectonic) 경험이었다.[17] 이 카르도넬의 체험은 환상이 아니라 신비적 깨달음이었다. 그것은 이냐시오를 이전과는 다른 마음을 가진 새로운 사람으로 변화시켜 오직 하나님의 더 큰 영광만을 추구하게 하는 일종의 기독교적 *사토리*(悟り)였다.[18]

그렇다면, 이 신적 조명의 본질은 무엇인가? 이냐시오가 로욜라와 만레사에서 겪었던 발전의 연속성을 고려해 볼 때, 그의 초기 비전과 이해는 카르도넬의 즉각적인 맥락을 구성한다. 카르도넬에서의 깨달음은 로욜라에서 만레사에 이르는 그의 훈련 과정의 가장 중요한 교훈이기 때문에 카르도넬 이전의 사건과 신적 조명의 본질 사이에는 일종의 내재적 관계가 있어야 할 것이다. 그것이 바로 모든 것에 새로운 면모를 부여하는 급진적인 통찰이라고 실로스(Silos)는 정확하게 짚는데, 이는 외부세계가 새로운 관점으로 인식되기 때문이다.[19] 이 통찰력은 신적

---

17. "…만레사에서 1마일쯤 떨어진 성당으로 그는 강 쪽으로 얼굴을 돌리고 앉았다…. 거기 앉아 있을 동안 그의 마음이 열리기 시작하더니, 비록 환시를 보지는 않았으나 영신사정과 신앙 및 학식에 관한 여러 가지를 깨닫고 배우게 되었다. 만사가 그에게는 새로워 보일 만큼 강렬한 조명이 비쳐왔던 것이다"(『자서전』 [30]).

18. '사토리'는 일본 선불교에서 깨달음을 일컫는다. Harvey D. Egan, Ignatius Loyola the Mystic (Wilmington: Michael Glazier, 1987), 45를 보라.

19. Leonardo R. Silos, "Cardoner in the Life of Saint Ignatius of Loyola", Archivum Historicum S. I. 33 (1964): 9-12. 실로스(Silos)는 영분별의 원리를 카르도넬 조명의 핵심으로 해석한다. 물론 분별의 원리는 이 조명의 필수적인 요소이다. 그러나 나는 이 조명을 그 원리로서만 축소할 수는 없다고 생각한다. 여기에는 신성한 영광의 순환 운동에 대한 이냐시오의 종합도

영광의 순환 운동과 영분별의 원리라는 두 가지 주요 구성요소를 담고
있다. 한편으로 카르도넬의 조명은 이냐시오가 그때까지 기독교 신앙
에 대해 배운 것들—특히 만레사의 신비체험에서 배운 것들—을 종합
할 수 있는 지식체계론적인 견해를 제공한다. 그는 삼위일체 하나님의
영광, 모든 피조물 안에 있는 동일한 영광, 그리스도의 영광, 그리고 하
나님의 영광에 이르는 길로서의 그리스도를 종합할 수 있었다. 이 종합
을 여는 해석학적 열쇠는 신성한 영광의 순환적 운동, 즉 온 우주를 구
원하기 위한 신적 영광의 역사와 운동이다. 요컨대, 이냐시오는 구원을
위한 신적 영광의 순환적 운동을 인식했는데, 그 운동은 하늘로부터 내
려오고 모든 피조물 안에 거하며 이 피조물들을 다시 하나님의 영광을
향해 돌려놓고자 노력한다. 이 해석학적 열쇠를 통해 이냐시오는 하나
님께서 전 인류와 온 우주를 하나님의 영광 안으로 부르신다는 것을 깨
달았고, 하나님으로부터 나온 모든 피조물들이 어떻게 하나님께로 돌
아갈 수 있을지를 파악했다. 하나님의 영광으로 충만하신 중보자 그리
스도를 통해 모든 피조물이 하나님께로 올라가고 하나님의 영광 안으
로 들어갈 수 있는 것이다.[20]

포함되어 있다. 실로스는 또한 "[조명의] 본질을 발견하고자 한다면, 이냐시오가 열거한 환
상의 내용에만 주의를 기울여서는 안 된다. 우리는 로욜라에서 만레사로 이어지는 이야기의
전체 움직임에서 그것을 찾아야 한다"라고 말한다. 이 방법론을 통해 그는 환상의 본질과 관
련된 두 가지 주제, 즉 신비한 뱀과 카르도넬 이전의 영적 방향에 대한 탐색을 제시했다. 이러
한 주제와 이냐시오가 카르도넬 이후 뱀을 분별할 수 있었던 능력을 바탕으로 실로스는 영분
별의 원리가 카르도넬 조명의 핵심이라고 결론짓는다. 그러나 내가 보기에, 그는 카르도넬의
조명의 본질을 해석하는 데 있어서 만레사에서의 신비적 환상의 내용을 과소평가하고 있으
며, 따라서 그러한 내용이 이냐시오가 영분별의 원리를 발견하는 데 어떻게 기여했는지 설명
하지 못하고 있는 것 같다. 나는 둘 다 밀접하게 연결되어 있다고 생각한다.

20. Hugo Rahner, <u>Ignatius the Theologian</u>, tr. Michael Barry (New York: Herder and Herder,

반면, 카르도넬의 조명을 통해 이냐시오는 영분별의 원리를 발견할 수 있었다. 이 발견은 다양한 영들이 움직였던 로욜라에서의 경험뿐만 아니라 만레사에서 본 그의 신비적 비전과도 깊은 관련이 있다. 로욜라에서 이냐시오는 사전 원인들로 인한 위로와 실망을 경험했다. 그러나 그러한 경험을 한 후에도 그는 뱀의 본질을 분별할 수가 없었다. 만레사에서 그는 삼위일체 하나님의 진정한 영광인 하나님의 자기 의사소통을 경험했다. 삼위일체 하나님과의 이러한 연합은 이냐시오로 하여금 이전의 원인에 기인하지 않는 위로를 맛보고 감지하도록 이끌었으며, 이것은 모든 위로의 진정성을 판단하는 기준이 된다. 앞서 언급했듯이, 이냐시오는 또한 십자가에 못 박히신 그리스도가 하나님의 영광에 이르는 길이라는 것을 이해하고 있었다. 십자가는 하나님의 영광이 온전히 비추는 장소이며, 그리스도 안에 있으면서 그리스도와 함께하는 십자가의 길이 곧 하나님의 영광에 이르는 길이다. 이냐시오가 겪은 로욜라에서 만레사까지의 경험은 카르도넬의 조명 속에서 종합되어 영분별의 원리를 낳았고, 그 후 이냐시오의 삶에서 하나님의 영광을 위한 사도적 봉사의 방법론으로 의식적으로 작동하게 되었다. 그는 카르도넬에서의 체험을 설명한 직후 악마의 환상을 설명함으로써 영적 분별력이 카르도넬 조명의 핵심 요소임을 암시했다.[21]

1968), 11-12. H. 라너는 카르도넬의 비전을 "'하나님 안에 있는 모든 것'과 '모든 것 안에 있는 하나님'에 대한 놀랍고도 결코 잊히지 않을 묵상"이라고 해석한다. H. Rahner interprets the vision of Cardoner as "a marvelous and never-to-be-forgotten contemplation of 'all things in God' and 'God in all things.'" See Hugo Rahner, The Vision of St. Ignatius in the Chapel of La Storta, 73-74.

21. "그는 십자가 곁에 무릎을 꿇고 하나님께 감사를 드렸다. 그러자 여태까지 여러 번 나타났지만 그 의미를 깨닫지 못했던 환시, 즉 수많은 눈동자를 가진 그토록 아름다운 형상이 또 나

이후에, 카르도넬의 조명은 이냐시오의 인생 중 그 어떤 사건보다도 그의 사고방식에 큰 영향을 끼치게 된다. 그는 하나님께서 실제로 사람들의 삶 속에 거하시며 행동하신다는 사실과, 우리가 이러한 은총의 행동을 제대로 인식할 때 하나님의 행동 방침과 그분이 우리를 이끄시는 방향을 감지할 수 있다는 사실을 깨닫게 된다. 하나님의 행동은 한결같은 부르심이며, 우리의 반응을 기대하는 초대인 것이다. 우리는 수난당하시는 그리스도와 협력하여 그리스도의 사명을 완수하도록 초대받았다.[22] 하나님의 영광은 이러한 협동에 자리 잡고 있다.

결론적으로, 카르도넬의 경험은 이냐시오에게 기독교 신앙의 진리를 여는 해석학적 열쇠와 더불어, 기도뿐만 아니라 모든 사물과 실천에서 하나님의 뜻과 행동을 발견하고 따르는 방법론을 제공했다. 다시 말해, 하나님의 영광은 만물의 구원을 위한 하나님의 행동에 우리가 참여할 때 나타나기 때문에, 이 방법론은 피조물 모두를 아버지 하나님의 영광으로 이끄시는 하나님의 계획에 대한 이해이자, '지금 그리고 여기'에서 하나님의 영광을 추구하기 위한 구체적인 방법론이다. 이냐시오는 매일 하나님의 뜻을 찾고 선택할 줄 아는 사람, 하나님의 더 큰 영광에 따르는 사람, 그리고 모든 일에서 오직 하나님의 더 큰 영광을 구하고 섬기는 사도적 사람으로 변화되었다. 즉, 이냐시오는 "관상적인 삶

타났다. 그렇지만 십자가 앞에 무릎을 꿇은 채로 그 형상을 뚜렷이 바라보니 그 물체가 여느 때 보이던 아름다운 색깔을 하고 있지 않았으며, 거기서 그는 그것이 악마로부터 오는 것임을 똑똑히 알았고 자기 의지를 굳게 확인하였다"(『자서전』 [31]).

22. Walter L. Farrell, "The Background of the Spiritual Exercises in the Life of St. Ignatius of Loyola", in John E. Dister, 35.

과 활동적인 삶에서 똑같이 탁월한" 관상의(contemplative) 사도가 되었다.[23]

C. 이냐시오의 신비체험에 나타난 하나님의 영광 개념

이냐시오는 만레사에서의 신비체험을 통해 삼위일체 하나님의 영광을 보았고, 만물 안에 신성한 영광이 임재함을 감지했으며, 세상의 구원을 위한 신성한 영광의 순환적 운동과 역사를 인식하고, 하나님의 영화(glorification)를 위한 방법론을 발견했다. 이제 하나님의 영광에 대한 이냐시오의 개념을 이 정도로 이해하고, 이를 바탕으로 좀 더 깊이 살펴보기로 하자. 휴고 라너(Hugo Rahner)에 따르면, 신비체험의 순간에 이냐시오의 영혼이 은총을 받는 자리는 '위'이며, 그곳으로부터 그는 만물을 보게 된다. 삼위일체 하나님과의 연합은 그의 내면의 눈을 열어 모든 것을 삼위일체 하나님의 편에서 바라보게 한다. 이 위에서 보면 모든 것이 투명해지는 것이다. 모든 피조물의 투명성은 그들 존재의 현실, 즉 그들 모두가 하나님으로부터만 나오고 하나님 안에서만 존재한다는 사실을 분명하게 드러낸다. 결과적으로, '위로부터(de arriba)'의 신비체험은 이냐시오로 하여금 하나님으로부터 모든 피조물로 내려오는 신성한 영광의 하강 운동을 인식할 수 있게 해준다. 이 하강 운동에서 모든 피조물은 이냐시오가 하나님과의 직접적 만남의 경험에서 이미 파

---

23. Louis Lallemant, The Spiritual Doctrine of Father Louis Lallemant, ed. Alan G. McDougall (Westminster: Newman Book, 1946), 51.

악한 하나님의 영광을 반영한다.[24]

모든 피조물은 자신보다 위에 자리한 존재 앞에서 투명해지기 때문에, 이미 '위'에서 하나님을 발견한 사람만이 '아래'에서 하나님을 찾을 수 있다. 이냐시오에게, 기도 안에서 하나님을 찾는 것은 모든 사물과 실천 안에서 하나님을 찾는 근본적인 토대였다. 이냐시오는 세속적인 것들, 심지어 하찮은 것들까지도 관상하며 그들 안에서 하나님의 창조적이고 지속적인 현존을 감지한다. 이것은 삼위일체 하나님과의 연합에서 자신이 봤던 하나님의 영광과 다르지 않았다. 다시 말해, 이냐시오는 모든 피조물들 안에 거하실 뿐만 아니라 그것들을 원래의 신성한 기원으로 되돌리기 위해 애쓰고 계시는 하나님을 피조물들 안에서 발견한다.[25] 여기서 이냐시오는 삼위일체적 '발출(exitus)'과 '복귀(reditus)'의 순환 운동을 파악하는데, 이는 만물이 위로부터 내려오며 모두 동일한 삼위일체적 근원으로 돌아가야 한다는 것을 의미한다.[26]

만물은 하나님으로부터 나오고 하나님께서 그 안에 거하시며 일하시므로 인해 모두 하나님의 영광을 드러낸다. 그러나 그것들은 하나님께로 돌아올 때에만 하나님의 영광을 온전히 나타낼 수 있다. 이런 의미에서 하나님의 영광은 "하나님 존재에의 참여와 하나님과의 연합에 의한 피조 생명의 변화"를 의미한다.[27] 이냐시오에게 있어서 하나님께

---

24. Hugo Rahner, Ignatius the Theologian, 3-5.

25. Ibid., 21.

26. Dupre, "Ignatian Humanism and Its Mystical Origins", 174.

27. Toner, Discerning God's Will: Ignatius of Loyola's Teaching on Christian Decision Making (St. Louis: Institute of Jesuit Sources, 1991), 15.

서 피조물 안에서 일하신다는 것은 또한 우주 구원을 위한 하나님의 활동에 인간이 협력해야 한다는 하나님의 일관된 부르심을 의미한다. 창조주이시자 주님이신 하나님 자신께서 인간이 되신 이후, 그분은 '아래'에 있는 인간의 협력 없이는 아무것도 이루지 않으셨다. 피조물 안에 창조적이면서도 지속 가능한 방식으로 자리 잡은 하나님의 임재는 하나님의 영광을 위해 인간의 협력을 필요로 한다.[28] 따라서 인류 개인들은 하나님의 영광을 받는 자이자 하나님의 영광을 담는 그릇일 뿐만 아니라, 모든 피조물을 하나님께로 인도함으로써 창조세계에서 하나님의 영광을 성취하는 지성적이고 자유로운 하나님의 동역자이다.[29] 이냐시오는 1547년 5월 코임브라(Coimbra)의 신부들과 신학생들에게 보내는 편지에서 우리 스스로를 하나님의 동역자로 만드는 일의 중요성을 다음과 같이 언급한다:

> 여러분은 한편으로는 학문을 습득하고 다른 한편으로는 형제애를 증진함으로써 하나님의 은총의 완전한 도구가 되고 하나님의 피조물을 마지막 목적지인 그분께로 인도하는 숭고한 사업에 동역자가 될 수 있습니다.[30]

이냐시오에게 있어서, 하나님께서는 우리 동역자들이 자신에게 주어진 자연적 은사와 초자연적 은사를 모두 그분을 위해 사용하길 바라시는

---

28. Hugo Rahner, Ignatius the Theologian, 28.
29. Toner, 17.
30. Ignatius of Loyola, Letters of St. Ignatius of Loyola, trans. William J. Young (Chicago: Loyola University Press, 1959), 128.

존재이다. 우리가 그분의 동역자로서 우리의 완전한 형성적 능력을 사용할 때 하나님의 영광을 더욱 잘 드러내고 하나님의 피조물을 하나님께로 인도할 수 있는 것이다.[31]

우리가 어떻게 하나님의 존재에 참여하고, 온 세상의 구원을 위해 애쓰시는 그분의 노고에 응답할 수 있을 것인가? 그 해답은 오직 그리스도 안에서만 찾을 수 있다. 하나님과의 모든 직접적인 접촉은 성육신하신 하나님, 예수 그리스도에 의해 영원히 중재되기 때문이다. 이냐시오에게 중보자 그리스도께서는 삼위일체적 '발출(exitus)'과 '복귀(reditus)'의 순환 운동이 융합하는 지점에 서 있다. 그리스도는 창조주이시자 주님이시며 중보자이시므로, 모든 피조물을 신적 기원으로 끌어올리기 위한 목적으로 신성한 영광이 그리스도의 인성 안에 온전히 안식하게 된다. 여기서 이냐시오의 하나님의 영광에 대한 개념은 다음과 같이 나타난다: "하나님의 존재에 참여함, 그리스도 안에서 하나님과의 연합에 의한 피조물의 변화, 그리고 그 안에서 하나님이 [온전히] 현존하시며 그의 피조물에게 계시됨."[32]

모든 피조물을 그리스도 안에서 하나님께로 돌아오게 하는 것이 그리스도의 사명이다. 따라서 마땅히 그리스도인들은 중보자와 함께 '아래' 십자가의 죽음으로 내려감으로써 그분의 사명에 참여해야 한다. 모든 피조물을 살리기 위한 하강 운동에 참여할 때 우리는 하나님의 영광을 높이게 된다. 그리스도 안에서 아버지께로 가는 상승 운동은 그리스

---

31. Dupre, "Ignatian Humanism and Its Mystical Origins", 177.
32. Toner, Discerning God's Will, 15.

도 자신의 삶을 드러내는 하강 운동에 의해 좌우되어야 한다. 하나님의 영광은 바로 십자가의 영광이다. 이것은 그리스도께서 승리의 영웅이 아닌, 고난 받는 종의 모습으로 세상에 내려왔기 때문이다. 십자가는 하나님 영광의 특권적인 장소이다. 이냐시오에게 있어서 십자가의 의미는 "하나님을 향한 피조물들의 '마지스(magis)'의 총합으로서, 그들을 영원한 아버지께로 인도하는" 신비인 것이다.[33] 이러한 의미는 나달이 언급한 예수회의 목표에서 확인된다. 그는 이냐시오가 설립한 로마기숙학교(Collegium Romanum)의 젊은 예수회 회원들에게 다음과 같이 그 의미를 명쾌하게 요약하여 상기시켜 주었다:

> 이제 예수회의 목적에 대해 말씀드리겠습니다.―하나님의 더 큰 영광을 위하여(ad majorem Dei gloriam)… 우리 수도회의 기반은 십자가에 못 박히신 예수 그리스도입니다. 그분께서 십자가로 인류를 구속하셨고, 오늘날 교회라는 신비한 몸에서 가장 큰 고통과 십자가를 지고 계시듯이, 우리 수도회에 속한 사람은 그리스도와 함께 영혼의 구원을 얻기 위해 수없이 많은 핍박을 겪으면서 그리스도를 따르는 것 외에 다른 목표를 가져서는 안 됩니다.[34]

결과적으로 하나님의 영광을 적극적으로 증진하는 것은 "고난 받는 그리스도와 함께 고난을 받고, 그분의 가난을 따르며, 하나님의 뜻에 온

---

33. Hugo Rahner, <u>The Vision of St. Ignatius in the Chapel of La Storta</u>, 91.

34. Monumenta Historica Societatis Iesu, <u>Fontes Narrativi</u>, I, 8-10. Requoted from Francois Courel, "St. Ignatius and the Greater Glory of God", in <u>Finding God in All Things: Essays in Ignatian Spirituality Selected from <i>Christus</i></u>, tr. William J. Young (Chicago: Henry Regnery, 1958), 35.

전히 복종"함으로써 그리스도의 창조적이고 구속적인 사역에 협력하는 것으로 이루어진다.[35]

그리스도의 선교에 대한 우리의 참여는 종말론적 순간에 하나님의 왕국에서 절정에 달할 것이다. 다시 말해, 모든 사람들이 하나님의 영광으로 충만하고 그리스도 안에서 온전히 영화롭게 되는 것은 바로 하나님의 나라 안에서 이루어지는 것이다.

따라서 하나님의 영광은 종말론적으로 충만한 하나님의 나라를 가리킨다. 이런 점에서 하나님의 영광은 우리가 그리스도의 선교에 참여하여 하나님 나라의 충만함을 가져올 때 나타나게 된다. 그러나 하나님의 나라는 지금 여기 현존하기 때문에 하나님의 영광은 인류의 역사 안에 있는 하나님 나라의 모든 시작을 포함한다. 하나님의 영광은 우리 안에, 그리고 우리 가운데 있는 하나님의 나라이다. 따라서 우리 자신 및 이웃의 구원과 온전함을 추구하는 것은 지금 여기 하나님 나라의 충만함을 가져오는 일이기 때문에 이는 곧 하나님의 영광을 바라는 일이기도 하다.[36]

이제 우리는 하나님의 영광이라는 개념으로부터 이냐시오의 모토인 '하나님의 더 큰 영광을 위하여(*ad majorem Dei gloriam*)'로 넘어갈 수 있다. 이 모토에서의 초점은 '영광(*gloriam*)'이라는 단어보다는 '더 큰(*majorem*)'이라는 용어에 있다. 이냐시오의 문헌에는 이 모토가 무엇을 의미하는

---

35. Dupre, "Ignatian Humanism and Its Mystical Origins", 178.

36. Toner, 15-17.

지 명시적으로 설명되어 있지 않지만,[37] 우리는 이것을 세 가지 상호 연관된 방식으로 해석할 수 있다. 첫째로는, 현재 우리 안에 있는—그렇기 때문에 아직은 미완인— 하나님 영광의 불완전성과, 나아가 그것의 궁극적인 완전성을 염두에 두고 모토를 해석하는 것이다.[38] 이 세상에서 도달하는 영광은 우리가 종말론적으로 충만한 하나님의 나라에 참여할 때까지 항상 불완전한 것이다. 따라서 그리스도 안에서 우리의 소명은 하나님의 은혜로 우리가 "주님의 영광을 바라보며 한 단계의 영광에서 다른 단계의 영광으로 그분의 형상을 닮아가고 있기" 때문에 항상 하나님의 더 큰 영광을 위한 것이 된다.[39] 우리의 지속적인 성화의 성장과 하나님 나라에 대한 참여의 증가가 바로 '하나님의 더 큰 영광'의 의미이다. 17세기의 위대한 영적 거장 중 한 명인 루이 랄르망(Louis Lallemant)도 하나님의 더 큰 영광을 같은 방식으로 해석하였다. 그에 따르면 그것은 하나님의 영광을 찬양한다는 뜻이다:

> 완전함과 거룩함의 문제에서 우리는 우리의 설계에 어떤 제한도 두어서는 안 되며, 결코 이렇게 말해서는 안 된다: "이만하면 충분해, 만족해, 더 이상 원하지 않아." 왜냐하면 우리 부름의 의무에 따라 우리는 사도적 삶의 완전성과 완전히 복음적인 미덕의 높이를 열망해야 하기 때문이다.[40]

---

37. Francois Courel, "St. Ignatius and the Greater Glory of God", 25.

38. Toner, 17.

39. 고후 3:18.

40. Louis Lallemant, The Spiritual Doctrine of Father Louis Lallemant, 50.

둘째, 이냐시오의 모토의 의미는 의사 결정을 위한 원칙이다. 하나님의 영광을 구하고자 하는 사람은 그리스도의 창조적, 지속적, 구속적 사역에 참여함으로써 특정한 상황에서 하나님이 원하시는 일을 찾기 위해 끊임없이 노력해야 한다. 이런 의미에서, 오직 하나님의 영광만을 추구한다는 것은 모든 행동을 통해 하나님의 뜻을 구하고, 찾고, 실행하는 것을 의미하는 것이다.[41] '하나님의 더 큰 영광을 위하여'는 대안을 비교한 후 선택하는 원칙으로, 모든 대안들이 하나님의 영광을 위한 것이지만 하나님의 더 큰 영광에 더 부합하는 것을 선택해야 한다는 것을 의미한다.

셋째, '하나님의 더 큰 영광을 위하여'는 우리의 외적 행동에 대한 단순한 기준이 아니라 의사 결정을 내리는 내적 성향이어야 한다. 내적 성향으로서의 하나님의 영광은 "사도적 활동 전체에 깃든 영적 분위기"이기도 하다.[42] 이냐시오에게 그것은 회심 후 전 생애에 걸쳐 그의 모든 활동에서 드러난 내적 성향이다. 이냐시오는 "내가 창조된 목적, 곧 우리 주 하나님을 찬미하고 내 영혼을 구원하는 것을 목표로 두기 위해 노력한다"라고 썼는데[179], 나달은 이를 이렇게 확인한다:

> 이것이 우리 성부의 전체적인 신학 내용입니다. 그분의 소망은 항상 주님을 섬기는 데에 있어서 자신을 더 많이 사용하는 방법을 찾고 항상 최선을 다하는 것이었습니다. 예수회는 모든 일에서 하나님의 더 큰 봉사와

---

41. Josef Stierli, "Ignatian Prayer: Seeking God in All Things", in Ignatius of Loyola His Personality and Spiritual Heritage 1556-1956, ed. Friedrich Wulf (St. Louis: I.J.S., 1977), 150-156.
42. Courel, 40.

그분의 더 큰 영광을 추구한다는 원칙에 기초하여 설립되었습니다. 이것이 예수회가 지향하는 목적이며, 회원들은 모든 일에서 이 목적을 추구해야 합니다. 바로 이것이, 가능한 최고의 목적이기 때문입니다.[43]

이냐시오는 이러한 준비성이 우리의 내적 성향이 되어야 한다고 조언하고 소망한다. 그에게 있어 하나님의 더 큰 영광을 위해 준비된 우리의 내적 성향은 그분께서 항상 더 크시다는 사실에 대한 우리의 깊은 인식과 깊은 관련이 있다. 하나님은 항상 더 위대하시므로, 우리는 우리의 행동에 구현된 하나님의 영광을 하나님 자신과 바꿀 수 없다. '하나님의 더 큰 영광을 위하여'는 언제나 더 크신 하나님께서 우리에게 요구하시는 모든 것을 전적으로 수용하거나 개방하는 것이다.

결론적으로, 이냐시오는 만레사의 신비로운 체험과 카르도넬의 깨달음을 통해 온 우주를 구원하기 위한 하나님의 영광의 순환 운동을 인식하고 하나님의 영광을 위한 방법론을 얻었다. 그리스도는 이 운동의 중심에 서 있으며, 우리를 그분의 사명에 참여하도록 부르신다. 하나님의 영광은 온 우주가 하나님 안에 참여하는 것, 즉 모든 피조물이 하나님과의 연합을 통해 변화되는 것에서 온전히 드러나게 될 것이다. 우리가 그리스도의 선교에 적극적으로 참여하여 십자가에 못 박히신 그리스도와 함께 일하고 고난을 겪음으로써 하나님의 영광이 드러나고 강화된다. 이 일의 목적은 하나님 나라의 충만함을 가져오고, 모든 피조물을 아버지 하나님의 영광으로 돌아오게 하려는 것이다. 십자가의 길

---

43. MHSI, Fontes Narrativi, II, 203, 157.

은 하나님의 영광의 길이다. '하나님의 더 큰 영광을 위하여'는 성화의 지속적인 성장과 하나님 나라에 대한 참여의 증가, 결정을 내리는 원칙, 하나님의 영광을 위해 무엇이든 더 많이 준비하려는 내적 성향, 그리고 항상 더 크신 하나님에 대한 완전한 개방성을 의미한다.

그림 하종순

제4장

이냐시오의 『영신수련』에 담긴 하나님의 영광에 대한 개념

하나님의 영광은 이냐시오의 신비체험을 포함한 전 생애 여정뿐만 아니라 데이비드 트레이시가 정교하게 설명한 것처럼, '인식의 충격'을 통해 우리를 변화시킬 수 있는 『영신수련』의 주제이기도 하다. 이븐넷 (Evennett)이 정확하게 지적했듯이, 영신수련은 "이냐시오 자신의 회심과 목적이 있는 삶의 변화과정의 정수"이다.[1] 이냐시오가 만레사에서 신비로운 체험을 통해 오직 하나님의 영광만을 추구하는 새로운 사람으로 변화된 것처럼, 영신수련에서도 그는 수련자를 이와 유사한 체험으로 초대한다. 따라서 이냐시오의 삶과 그의 신비체험을 통해 형성된 하나님의 영광에 대한 개념은 영신수련에서 구체적인 지점을 발견하고 그 안에서 그 지평을 발전시키고 확장한다. 여기서 우리는 하나님의 영광이 어떻게 영신수련의 핵심적인 특징이며, 영신수련에 내재된 하나님의 영광에 대한 그의 개념이 어떤 것인지에 대한 질문에 답할 필요가 있겠다. 이러한 질문을 다루기 위해, 하나님의 영광이 이냐시오 영

---

1. H. Outram Evennett, <u>The Spirit of the Counter-Reformation</u>, 45.

성에 근본적으로 필수적이라는 점을 밝히고, 여기서 살펴본 이냐시오의 하나님의 영광 개념을 가지고 한국 교회와 대화하는 데 초점을 맞추고자 한다. 이를 위해 영신수련의 전체 내적 논리 또는 역동성을 하나님의 영광과의 관계 속에서 살펴볼 것이다. 나는 이냐시오의 전 생애 여정에서와 마찬가지로, 하나님의 (더 큰) 영광에 대한 이냐시오의 비전이 영신수련의 전체 내적 역동성을 지탱하고 활력을 불어넣는다고 믿는다.

A. '원리와 기초': 창조의 목적으로서의 하나님의 영광

이냐시오는 창조의 목적과 그리스도인의 삶의 목적으로서 하나님의 영광을 제시한다. 이것은 '원리와 기초'의 목적과 내용에서 분명히 볼 수 있다. '원리와 기초'는 이냐시오가 만레사, 특히 카르도넬 강 유역에서 경험한 신비로운 체험을 부분적으로 번역한 것이다.[2] 앞서 언급했듯이, 그 체험들은 이냐시오에게 기독교 신앙의 진리에 대한 지식체계론적 견해와 하나님의 영광을 위한 방법론을 제공했으며, 또한 우리 주 하나님의 더 큰 찬양과 영광 외에는 아무것도 추구하지 않는 새로운 사람으로 그를 변화시킨 바 있다. 따라서 '원리와 기초'의 목적은 기독교 신앙의 진리, 또는 온 우주 구원을 위한 하나님의 계획에 대한 지식체

---

2. Harvey D. Egan, <u>Christian Mysticism: the Future of a Tradition</u> (New York: Pueblo Publishing, 1984), 36.

계론적인 견해로 수련자를 입문시킨 다음, 하나님의 더 큰 영광만을 추구하는 새로운 사람으로 변화하고자 하는 초심을 갖도록 인도하는 것이다.[3] '원리와 기초'는 이러한 구조적 관점에 따라 자신의 성향에 대한 예비테스트를 통해 수련자가 자기 인식에 도달하도록 돕는다. 이러한 자기 인식은 수련자로 하여금 자신의 삶을 하나님의 영광을 위해 질서 있게 살고자 하는 진지한 소망을 갖도록 인도한다.[4]

'원리와 기초'의 내용은 인간의 목적, 수단 그리고 초연이라는 세 가지의 요점으로 나뉠 수 있다.[5] '원리와 기초'는 첫 번째 요점인 인간의 목적으로 시작한다: "사람이 창조된 것은 우리 주 하나님을 찬미하고 경배하고 섬기며 또 이로써 자기 영혼을 구하기 위함이다"[23]. 하나님의 창조의 최고 목적은 신성한 본질적 선과 영광이다. 피조물은 하나님의 지극히 풍성한 사랑 안에서, 그분께서 이 같은 신적 선하심을 그들에게 자유롭게 전달하고 그들을 통해 외부로 드러내기를 원하시기 때문에 존재할 수 있다. 하나님의 외적 영광은 하나님의 본질인 내재적이고 실체적인 영광의 모든 피조물을 통한 반영이다. 하나님의 창조 사

---

3. Joseph A. Tetlow, "The Fundamentum: Creation in the Principle and Foundation", Studies in the Spirituality of Jesuits 21 (September 1989): 8-9.

4. Hugo Rahner, Ignatius the Theologian, 66. 이냐시오의 비서였던 후안 알폰소 폴랑코(Juan Alfonso Polanco)는 그의 안내서에서 '원리와 기초'의 목적이 자신의 최종 목적에 대해 스스로를 시험하는 것이라고 말한다: "처음 시작할 때, 수행자는 인간의 최종 목적에 대해 고려해야 합니다. 전체 도덕적 구조가 그 위에 세워져 있기 때문에 이것을 기초라고 부릅니다. 그 요점을 간략히 설명한 다음, 수련자에게 그 고려들, 즉 지금까지의 목적과 수단에 대해 취한 입장과 미래에 취하고자 하는 입장을 자신에게 돌려야 합니다." Martin E. Palmer, ed. & trans., On Giving the Spiritual Exercises: The Early Jesuit Manuscript Directories and the Official Directory of 1599 (St. Louis: The Institute of Jesuit Sources, 1996), 127을 보라.

5. Palmer, 311; Cusson, Biblical Theology and the Spiritual Exercises, 49; K. Rahner, Spiritual Exercises, 15-27.

랑과 선하심을 나누고자 하는 하나님의 열망의 결과로 온 우주가 하나님의 영광을 향해 나아가기 때문에, 외적 영광은 창조의 결과인 동시에 피조물의 마지막 창조 목적이기도 하다. 앞서 언급했듯이 피조물 중에서 오직 인간만이 하나님께 직접 도달할 수 있으며, 하나님의 창조와 구속, 영광의 역사에 없어서는 안 될 협력자가 될 수 있다. 다른 모든 피조물은 인간에 대한 봉사를 통해 하나님께 도달한다.[6] 이런 의미에서, 이냐시오에게 인간이 창조된 궁극적인 이유는 하나님의 영광인 것이다.

이냐시오는 '원리와 기초'에서 '하나님의 영광'이라는 문구 대신 '우리 주 하나님을 찬미하고 경배하고 섬기며 또 이로써 자기 영혼을 구하기 위함'이라는 문구를 사용했다. 하나님을 찬양하고 경외하는 것은 하나님의 영광을 인정함으로써 하나님께 영광을 돌리는 것이며, 하나님을 섬기는 것은 모든 피조물을 아버지 하나님의 영광으로 인도하는 하나님의 계획(project)에 참여함으로써 하나님의 영광을 높이는 것이다.[7] 반면에, 우리의 구원은 하나님의 외적 영광과 일치한다. 하나님의 영광은 이 세상의 구원과, 인류가 삼위일체 하나님의 내적 생명 안으로 들어가는 것으로 구성된다.[8]

두 번째 요점은 모든 '다른 것들'의 실재에 관한 것이다. 이냐시오에게 '다른 것들'은 다른 모든 피조물뿐만 아니라 "내가 실제로 동일시하

---

6. The Catholic University of America, <u>New Catholic Encyclopedia vol. 6</u> (New York: McGraw-Hill, 1967), 515.

7. Augustine G. Ellard, "Ignatian Spirituality", 10; Pierre Bouvier, <u>The Authentic Interpretation of the Foundation in the Spiritual Exercises of St. Ignatius</u> (West Baden Springs: West Baden College, 1943), 40.

8. Komonchak, <u>The New Dictionary of Theology</u>, 420.

고, 순진하게 나 자신과 동일시하려고 노력하는 많은 자연적 은사들"도 포함한다.[9] 여기서 이냐시오는 한편으로 모든 다른 것들이 하나님의 영광으로 남아 있는 우리의 마지막 목적을 대신할 수 없음을 분명히 표현한다.[10] 반면에, 하나님의 영광은 모든 피조물의 궁극적인 목적이기도 하지만, 인간을 매개로 해서만 그 목적에 도달할 수 있다.[11] 즉, 모든 피조물의 궁극적인 목적은 하나님의 영광이며, 인간 이외의 피조물의 즉각적인 목적은 바로 인간이 창조된 그 목적을 달성하는 데 있어서 인간을 위해 봉사하는 것이다. 따라서, 이들의 궁극적인 목적은 우리가 마지막 목적을 추구하도록 돕는 수단으로 사용될 때 성취된다.

세 번째 요점은 모든 현실의 신앙 비전에 대한 인간의 반응에 관한 것이다: 바로 딴뚬꽌뚬(tantum quantum)과 초연(indifference)이다. 믿음의 비전을 가진 사람 앞에서는 다른 모든 것들이 투명해진다. 그들은 다른 것들의 궁극적인 목적과 즉각적인 목적을 모두 볼 수 있다. 이것은 딴뚬꽌뚬의 공식을 실천하게 함과 동시에 언제나 초연하게 하는 심오한 내적 자유로 우리를 이끈다. 딴뚬꽌뚬은 "사물의 사용과 남겨둠이 모두 우리 자신의 책임이 될 수 있고, 또 그래야만 하는 방식으로 행동해야 하는 능동적 초연"을 제시한다.[12] 이냐시오에게 있어 우리의 의지는 다른 것들이 우리의 마지막 목적을 달성하는 데 장애물이 될지, 아니면 이점이 될지를 결정한다. 따라서 딴뚬꽌뚬의 정신은 물건을 남겨두는 것만

---

9. Karl Rahner, Spiritual Exercises, 19.

10. Louis Lallemant, 28.

11. Bouvier, 41-42.

12. Karl Rahner, Spiritual Exercises, 24.

큼이나 물건을 사용하는 것에 대한 스트레스가 적지 않기 때문에 전혀 부정적이지 않다. 두 경우 모두 유일한 동기는 하나님의 영광이어야 한다.[13] 결과적으로, 딴뚬꽌뚬이라는 공식에는 피조물을 사용함에 있어서 그 의도의 순수성과 절제가 모두 포함되는 것이다.[14]

초연은 딴뚬꽌뚬이라는 공식을 가능하게 하는 내적 지향성이다.[15] 이냐시오에게 초연은 우리의 마지막 목적, 즉 하나님의 영광을 향해 계속 나아가려는 의지의 근본적인 내적 지향성을 의미한다. 이냐시오는 '초연하다'라는 표현 대신 '우리 자신을 초연하게 만든다'라는 표현을 사용했다. 전자는 우리가 피조물에 대해 어떠한 욕망이나 혐오감이라도 아예 느끼지 않는 존재가 되어야 한다는 의미인 반면, 후자는 삶의 연속적인 선택 속에서 드러나는 피조물에 대한 욕망이나 혐오감이 우리의 선택에 영향을 미치지 못하도록 해야 한다는 의미이다. 더 깊은 수준에서 우리 자신을 초연하게 만드는 것은 하나님의 영광에 더욱 도움이 되는 것이라면 무엇이든 간에 그것을 향해 완전히 개방적인 내적 지향성을 가져야 함을 의미한다. 초연은 "모든 일에 대한 하나님의 새로운 부르심을 들을 수 있도록 끊임없이 준비된 상태"인 것이다.[16] 따라서, 이미 발견되었거나 앞으로 발견될 하나님의 구체적인 부르심 앞에

---

13. Varghese Malpan, A Comparative Study of the Bhagavad-Gita and the Spiritual Exercises of Saint Ignatius of Loyola on the Process of Spiritual Liberation (Roma: Pontificia Universita Gregoriana, 1992), 258.

14. Iparraguirre, A Key to the Study of the Spiritual Exercises, 46.

15. William J. Murphy, "The Foundation", in A Cooperative Study of the Spiritual Exercises of Saint Ignatius (New York: Fordham University, 1961), 23.

16. Karl Rahner, "The Ignatian Mysticism of Joy in the World", in Theological Investigations Vol. III, tr. Karl-H and Boniface Kruger (Baltimore: Helicon, 1967), 291.

우리의 모든 욕망을 포기할 때야 비로소 우리는 초연하게 된다. 이렇게 초연할 때 우리는 모든 다른 것들을 하나님의 뜻과 그분의 더 큰 영광에 부합하도록 사용할 수 있다.

또한 초연의 의미는 자기부정과 금욕의 의미를 넘어 하나님을 더욱 영화롭게 하고 "더 큰 사랑으로 이끄는 우선적인 갈망과 바람"이다.[17] 따라서 우선적 선택으로서의 초연은 의사 결정과 깊은 관련이 있다. 초연을 강조하는 것은 초연 그 자체를 위해서가 아니라 하나님의 영광에 더 도움이 되는 것을 올바르게 선택하기 위해서이다. 칼 라너는 '더 많이(*magis*)' 하겠다는 결단으로 초연을 승화시키는 것이 바로 이 초연의 진정한 본질이라고 정확하게 지적했다. 이런 의미에서 초연은 더 깊은 수준에서 딴뚬꽌뚬이라는 공식의 구체화가 된다. 어떤 것은 우리의 최종 목적을 달성하는 데 더 많은 도움을 주고, 어떤 것은 덜 도움을 준다는 특정 사례에 적합하도록 하기 위해 딴뚬꽌뚬의 공식은 더 깊은 규칙에 의해 보완될 필요가 있다. 더 깊은 규칙은 하나님의 영광에 더 도움이 되는 것을 갈망하고 선택하는 것이다.[18] 따라서, 이냐시오에게 초연은 모든 피조물을 사용하시는 주 하나님의 더 큰 영광과 섬김에 대한 고도로 정제된 감수성이자 간절한 갈망인 것이다.[19]

---

17. Edouard Pousset, <u>Life in Faith and Freedom: An Essay Presenting Gaston Fessard's Analysis of the Dialectic of the Spiritual Exercises of St. Ignatius</u>, ed. & tr. Eugene L. Donahue (St. Louis: the Institute of Jesuit Sources, 1980), 19.

18. Karl Rahner, <u>Spiritual Exercises</u>, 26.

19. Malpan, 261.

B. 죄 묵상: 하나님의 영광의 역사와 운동을 부정

1. 죄의 신비에 대한 이냐시오의 비전

첫 주의 수련에서 이냐시오의 주된 관심은 죄에 대한 도덕적이거나 심리적인 관점에 있지 않고, 그것의 신 중심적 관점에 있다. 이 신본적 죄의 관점은 십자가에 못 박히신 그리스도를 중심으로 한 구원의 역사에 비추어 죄의 신비의 실재를 파악한다. 라너는 이렇게 주장한다:

> 성 이냐시오는 죄에 대한 묵상을 전적으로 구원의 역사 위에 세웠다. 그는 죄의 본질에 대한 추상적인 이론이나 단순한 사변적 분석이 아니라, 구원 역사의 구체적인 현실에 따라 진행해 간다.[20]

구원의 역사는 자신에게 반대하는 모든 것을 죄로 규정하기 때문에, 구원 역사의 구체적인 실재를 이해하지 않고서 죄의 본질을 파악하는 것은 불가능하다.[21] 따라서 그리스도를 통해서만 드러나는 죄와 구원의 실재에 대한 신학적 비전이 첫째 주에 겪는 죄의 묵상들 뒤에 따라온다.

죄에 대한 이냐시오의 신학적 비전은 삼위일체 하나님의 위엄과 영광에 대한 신비로운 만남과 깊은 관련이 있으며, 이는 하나님, 인간, 창조세계에 대한 그의 신학적 비전을 형성한다. 이냐시오는 신성한 위엄과의 만남을 통해 죄의 신비에 대한 분명한 비전과 자신의 죄성에 대한

---

20. Karl Rahner, Spiritual Exercises, 34.

21. Coventry, "Sixteenth and Twentieth-Century Theologies of Sin", 56.

깊은 이해를 얻었다. 즉, 이냐시오는 하나님의 영광의 역사와 그 운동을 볼 수 있었고, 곧이어 이들에 반하는 죄의 역사와 운동도 볼 수 있었다. 이냐시오에게 죄는 단순히 부도덕하거나 불법적인 행동이 아니라, 하나님으로부터 내려와 피조물 안에 거하고, 일하며, 중보자 그리스도를 통해 그 근원이신 아버지 하나님께로 돌아가는 하나님의 영광의 삼위일체적 운동에 완전히 역행하는 우주적이고 역사적인 운동이었다. 이러한 하나님의 영광의 운동에는 삼위일체 하나님의 상호 연관된 삼중 사랑, 즉 창조적 사랑, 구속적 사랑, 그리고 거룩하게 하는 사랑이 존재한다. 그러므로 이냐시오는 모든 피조물이 아버지 하나님의 영광으로 되돌아와 그 안으로 들어가는 것을 죄가 방해한다고 이해한다. 달리 표현하면, 죄는 피조 세계를 향한 삼위일체 하나님의 삼중적 사랑에 대항하는, 상호 연관된 삼중적 거부와 부정인 것이다.[22]

첫째, 죄는 하나님의 계속되는 창조 사역을 방해하는 것을 목표로 삼는다. 죄라는 것은 모든 피조물에게 명령하시는 하나님의 계획 속에 인간이 끼워 놓은 심각한 장애이다.[23] '원리와 기초'에서 살펴본 바와 같이 인간 삶의 의미와 행복 그리고 목적은, 하나님으로부터 받은 모든 자연적이고 초자연적인 은사들과 함께 모든 피조물들을 오직 하나님의 영광을 위해 사용함으로써, 하나님의 계속되는 창조적 사랑에 참여하는 데에 있다. 따라서 죄는 자기 영광을 위해 은사와 피조물을 오용하

---

22. Bertrand de Margerie, Theological Retreat: With Some Ignatian Spiritual Exercises, trans. A. Owen (Chicago: Franciscan Herald Press, 1976), 32.

23. Cusson, Biblical Theology and the Spiritual Exercises, 136-137.

고 하나님의 선하심에 대한 감사를 거부하는 장애가 된다.[24]

둘째, 죄는 또한 삼위일체 하나님의 구속의 사랑을 거부한다. 그리스도는 그러한 사랑의 중심에 서 있으며, 특히 십자가에서 그 사랑을 온전히 세상에 드러내었다. 그리스도의 사명은 모든 피조물을 아버지 하나님께로 되돌리는 것이다. 창조주 하나님의 사랑에 이끌린 우주가 아버지 하나님을 향해 움직이게 되는 것은 오직 그리스도를 통해서, 그분의 영 안에서만 가능하다. 따라서 그리스도를 만난다는 것은 그리스도를 통해 인간과 모든 피조물의 구원을 위한 신성한 계획에 더 깊이 들어가는 것이며, 따라서 그리스도의 사역에 대한 우리의 참여를 일깨우고 심화시키는 것이다.[25] 그러므로 죄의 운동은 그리스도를 통한 하나님의 구원 계획을 공격하는 한편, 그리스도에 대한 중대한 반대는 모든 죄의 근원이자 세상의 온갖 무질서의 근원이 되는 것이다.[26] 마지막으로, 죄는 또한 삼위일체 하나님의 거룩하게 하는 사랑에 거역한다. 이 거룩하게 하는 사랑은 지복의 기쁨 안에서 그리스도를 통해 자기 성취를 이루도록 이끄는 하나님의 은총으로서, 우리와 우주 안에서 작동하며 세계를 변화시키는 힘이다. 죄의 운동은 그러한 지복의 비전, 즉 아

---

24. 이냐시오는 배은망덕을 모든 죄 중에서 가장 큰 죄이자 모든 악의 근원이라고 생각했다. 감사와 죄에 관해서는 Francois Roustang, "The Meaning of Sin and Thanksgiving", in Growth in the Spirit, ed. Kathleen Pond (New York: Sheed and Ward, 1966), 41-63을 보라. 루스탕은 죄를 "감사의 부재"라고 정의한다. A. Paul Dominic, "The Root of Sin", Review for Religious 39 (1980): 219-237을 보라. 도미닉에게 죄는 감사의 실패이며, 배은망덕은 다른 죄를 낳는 근본적인 죄이다. 커슨은 또한 죄를 "모든 것을 사랑하시는 창조주에 대한 피조물의 무서운 배은망덕"으로 간주한다. Cusson, Biblical Theology and the Spiritual Exercises, 137.

25. Cusson, Biblical Theology and the Spiritual Exercises, 37-38.

26. Hugo Rahner, Ignatius the Theologian, 88.

버지 하나님의 영광을 향한 인간 개인과 온 세상의 진보와 성장을 가로막는 현실적인 장애물이다.[27] 결과적으로 죄는 하나님의 영광에 들어가기 위한 발전과 성장을 거부하는 개별적인 거부가 된다. 하나님의 '변화시키는 은혜(transforming grace)'에 대한 이러한 거부는 자기 신격화와 우상숭배를 포함한다. 자기 신격화는 하나님의 영광을 자기 영광으로 대체하는 것이고, 우상숭배는 유한한 피조물로 하나님의 영광을 대체하는 것이다. 이 둘은 자기 성취를 이루는 데에 있어서 우리가 하나님께 의존한다는 사실을 인정하지 않고, 착각에 불과한 자신의 힘과 창조된 유한한 것들에 의존한다. 이것들은 우리를 아버지 하나님의 영광으로 이끄는 하나님의 계획에 위배된다. 이냐시오에게, 죄는 본질적으로 "하나님의 영광에 이르지 못하는 것"이다.[28]

2. 첫째 주간의 목적

첫 주간의 목적은 죄와 하나님 영광의 우주적이고 역사적인 운동과 관련하여 깊은 정서적 자기 인식을 갖는 것이다. 이냐시오는 이러한 우주적, 역사적 운동 속에 수련자의 죄성을 위치시킴으로써 죄의 신비와 구원의 신비의 대조적 차이를 제시한다.[29] 이 대조로 인해, 수련자는 죄의 운동이 하나님 영광의 운동에 반대된다는 사실을 분명히 알 수 있다. 이 두 가지 역사적 운동의 행렬 안에서 수련자는 자신의 위치가 어

---

27. Cusson, The Spiritual Exercises Made in Every Life, 44.
28. Rom 3:23.
29. Harvey D. Egan, Ignatius Loyola the Mystic, 99.

디인지, 자신이 무엇과 협력하고 있는지, 또 자신이 진짜 누구인지를 인식하고, 그리스도 안에서 하나님의 놀라운 자비를 깊이 느끼며 하나님 영광의 운동에 참여함으로써 그리스도를 섬기고자 하는 첫 번째 열망을 갖도록 초대받는다.

죄에 대한 묵상은 분리할 수 없는 두 가지 목적을 가지고 있다. 한편으로 이냐시오는 죄의 운동에 비추어 수련자가 죄에 대한 깊은 정서적 자기 인식을 갖기를 바란다. 이러한 자기 인식을 통해 수련자는 죄의 우주적이고 역사적인 운동이 여전히 자신 안에서 작용하고 있으며, 따라서 자신이 죄인임을 고백할 수 있게 된다. 그러나 다른 한편으로 그 목적은 우리의 죄성에 대한 자의식을 넘어서는 것이다. 하나님 영광의 운동에 비추어, 이냐시오는 죄인인 우리가 그리스도 안에서 하나님의 사랑과 자비로 얼마나 많은 축복을 받았는지를 깊이 깨닫기를 원한다. 따라서 첫 주간의 초점은 주로 죄가 아니라 그리스도 안에 있는 하나님의 사랑과 자비에 맞춰져 있다.[30]

3. 삼중 죄와 나의 죄에 관한 묵상

휴고 라너(H. Rahner)는 죄의 다섯 가지 묵상을 세 부분으로 나누었다: "'죄의 역사'[45-54]; '죄의 심리학'[55-63]; '죄의 종말론'[65-71]."[31] 여기서는 첫 번째와 두 번째 묵상만을 다룰 것이다. 이 두 가지가 주요한 문제이며 하나님의 영광에 대한 이냐시오의 이해가 죄에 대한 묵상

---

30. Michael Ivens, "The First Week: Some Notes on the Text", The Way Supplement 48 (1983): 7.
31. Hugo Rahner, Ignatius the Theologian, 67.

을 어떻게 형성하는지 보여주기에 충분하기 때문이다.

수련자가 죄에 대한 깊은 정서적 자기 인식을 갖도록, 이냐시오는 루시퍼의 타락부터 개인의 죄에 이르기까지 죄의 우주적 운동의 역사 속으로 그들을 초대한다. 자신의 죄는 죄의 전체 역사 속에서 투명하게 드러난다. 죄의 우주적 운동의 역사에 대한 이러한 묵상을 통해 수련자는 죄의 전체 역사가 자신 안에 펼쳐져 있음을 감지하게 된다. 또한 다른 사람들의 죄와 운명에 자신의 것들을 비추어 봄으로써 수련자는 내면적 수치심과 혼란을 느낀다.[32]

죄의 우주적 운동의 역사에서 필수적인 부분을 구성하는 객관적으로 필멸적인 세 가지 죄는 이른바 '삼중 죄'로서, 이들은 천사들의 죄, 아담과 하와의 죄, 평범한 사람의 죄이다. 이냐시오는 수련자가 천사들의 죄를 묵상함으로써 죄의 운동이 어떻게 시작되었는지, 그 영향은 어떤 것인지, 그리고 그 배후에 누가 있는지 깊이 느끼기를 원한다. 이냐시오에게 천사들의 죄는, "그들의 자유를 오용하여 그들의 창조주 주님께 경배와 순명을 드리기를 원하지 않고, 교만하게 되어"[50] 자신의 영광을 위해 자유를 사용하고자 한 것이다. 인간과 마찬가지로 그들도 하나님께 영광을 돌리기 위해 창조되었다. 그들이 온전한 영광을 얻게 된 것도 전적으로 하나님의 은혜 덕분이었다. 그러나 그들은 하나님의 은혜가 아닌 자신들의 자연적인 힘을 통하여 완성된 영광을 얻고자 하였다.[33] 그들은 궁극적인 지복을 하나님의 영광이 아니라 자신의 영

---

32. Iparraguirre, <u>A Key to the Study of the Spiritual Exercises</u>, 53.

33. W. H. Longridge, <u>Ignatian Retreats: Three Retreats for Lay People according to the Method and Plan of the Spiritual Exercises</u> (London: A. R. Mowbray, 1926), 14.

광에 두었다. 니사의 그레고리(Gregory of Nyssa)는 타락한 천사들을 거울에 비유하며 이 점을 뒷받침했다:

> 태양의 이미지를 받아 이 빛을 다른 거울로 전송하는 거울은 광원에 대한 자신의 의존성을 인식하게 된다. 그리고 그것은 자신과 타인을 위한 유일한 빛의 원천이 되기를 원한다. 결과적으로, 그것은 어두워진다.[34] 결과적으로 천사들의 죄로서의 교만은 하나님의 영광을 부정하고 자유를 남용하며 하나님의 은혜를 거부하는 것을 의미하며, 그 때문에 그들은 하나님 영광의 운동에 완전히 반대되는 죄의 운동을 시작함과 동시에 그 배후에 있는 악한 자들이 되었다.

그렇다면 십자가에 못 박히신 그리스도와 관련하여 천사들의 교만은 무엇이었나? 그것은 분명히 "죄 때문에 십자가에서 죽임을 당하신, 성육신하신 성자를 자유롭고 고의적으로 거부한 것"이었다.[35] 그들은 십자가를 통해 세상을 하나님의 영광으로 회복시킬 그리스도를 통해 하나님의 영광 안으로 들어가는 것을 자유에 의해 고의적으로 거부했다. 결과적으로 그들의 죄의 핵심은 십자가에 못 박히신 그리스도를 거부한 것이다.

　이냐시오는 아담과 하와의 죄에 대한 묵상에서 죄의 운동이 세상에 들어오는 것과, 원죄와 개인적 죄가 세대를 거치며 죄의 운동이 확대되는 것을 느끼도록 초대한다. 아담과 하와는 하나님의 영광을 위해 완

---

34. Marian Cowan and John Carroll Futrell, The Spiritual Exercises of St. Ignatius of Loyola: A Handbook for Director ([United States]: Le Jacq Publishing, 1981), 37에 인용.
35. Hugo Rahner, Ignatius the Theologian, 70.

전하게 창조되었다. 모든 피조물은 그들에게 복종하여 그들의 목적, 즉 하나님을 찬양하고 경외하며 섬기는 것을 달성하도록 도왔다. 천사들의 죄와 마찬가지로 그들의 죄는 하나님이 주신 자유와 은사를 올바르게 사용하여 하나님께 순종하고 영광을 돌리는 것을 거부한 것이다. 아담과 하와는 또한 자신들의 종말을 외면하고 스스로의 힘으로 지복의 비전을 추구하기로 선택했다. 그 결과 그들의 죄는 불신앙과 불순종, 그리고 하나님에 대한 범죄였다. 그리스도와 관련하여 원죄의 궁극적인 의미는 무엇일까? 이냐시오는 자신의 교리문답에서 이를 설명한다:

> 우리 주 하나님께서 하늘과 땅과 만물을 창조하신 후, 첫 사람이 낙원에 있을 때 하나님의 아들이 어떻게 사람이 되기로 결심하셨는지 그에게 계시되었습니다. 그리고 아담과 하와는 죄를 지은 후 하나님께서 그들의 죄를 대속하기 위해 사람이 되기로 결심하셨다는 사실을 깨달았고, 우리의 창조주이자 주님이신 하나님의 아들이 어떻게 사람이 되기로 결심하셨는지 자녀들에게 이 지식을 전수했습니다.[36]

여기 이냐시오에 따르면, 아담과 하와는 "하나님의 아들이 사람이 되기로 결심하신 방법"에 대한 계시를 거부하고 원죄를 저질렀다. 따라서 원죄란 본질적으로 그리스도를 영구적으로 부정하는 것이라 할 수 있다.

개인의 죄에 대한 묵상은 죄의 운동이 지금 여기에서 일하고 있음을 보여준다. 수련자는 하나님 영광의 운동에 대항해 온 죄의 운동이 이제

---

36. MI, I, 12, p.668; Hugo Rahner, Ignatius the Theologian, 78에 인용.

그 개인과 세상에서도 작용하고 있음을 경험해야 한다. 그러므로 죄를 범한다는 것은 이 세상에서 죄의 운동을 넓히는 데 사탄의 협력자가 되는 것임을 알아채야 하는 것이다.[37]

관상적 대화(Colloquy) 안에서 이냐시오는 십자가에 못 박힌 그리스도 바로 앞에 수련자를 위치시킴으로써 그 자신이 카르도넬 강둑에서 큰 신적 조명을 받은 후 십자가 앞에서 경험했던 바로 그 체험으로 수련자를 초대한다. 십자가는 죄와 하나님 영광, 둘 다의 구심점이다. 십자가 위에서 죄의 운동이 하나님의 영광을 파괴한 것처럼 보이지만, 사실 하나님 영광의 운동이 죄를 파괴했던 것이다. 이 믿음의 비전을 가지고 이냐시오는 "가까운 십자가에 무릎을 꿇고 하나님께 감사했다."[38] 마찬가지로 십자가에 달리신 그리스도 앞에서 기도하는 수련자는 그리스도 안에서 하나님의 자비와 사랑, 죄에 대한 하나님 영광의 승리를 경험하고 그리스도를 섬기고자 하는 강한 열망을 가져야 하는 것이다.

이냐시오에게 십자가에 달리신 그리스도는 창조주이시다. 그리스도의 자기 비움의 겸손은 죄의 뿌리인 교만과 극명한 대조를 이룬다. 그는 오직 하나님의 영광을 위해 자유를 사용하였고, 천사들과 죄인들은 자신들의 영광을 위해 자유를 남용하였다. 그리스도는 신성한 영광이 움직이는 그 중심에 서 있다. 수련자는 신성한 영광의 운동에 대한 이러한 지식체계론적 관점에서 다음과 같이 질문해야 한다: "나는 그리스도를 위해서 무엇을 했는가, 그리스도를 위해서 무엇을 하고 있는가, 또 그

---

37. Hugo Rahner, Ignatius the Theologian, 79.
38. 『자서전』 [31].

리스도를 위해 무엇을 해야 하는가"[53]. 이 대화에서 수련자의 초점은 수치심과 혼란에서 그리스도를 섬기고자 하는 열망으로 바뀌게 된다.[39]

자신의 죄에 대한 묵상에서 이냐시오는 죄와 하나님 영광의 운동을 수련자 자신의 삶으로 가져온다. 수련자로서의 '나'는 자신 안에 있는 죄의 운동의 실체로부터 시작하여 내 안에 있는 하나님 영광의 운동의 실체를 묵상해야 한다.[40] 자신의 죄의 기록[53]을 묵상해야 하는데, 이는 스스로의 삶에서 죄의 운동이 어느 정도 현실화되었는가 하는 문제와 관련되어 있다. 다시 말해, 자신이 어느 정도 사탄과 협력하여 세상에서 죄의 운동을 넓히는 데 동참해 왔는지에 관한 것이다. 이제 죄의 우주적 운동의 역사에 동참한 것은 다른 누구도 아닌 바로 '나' 자신이다. 또한 이냐시오는 수련자가 죄의 "추함과 사악함"[57] 및 "내가 누구인지를"[58] 성찰하도록 이끈다. 내 안에 있는 악의 힘과 그것으로부터 해방될 수 없는 나의 무능력에 대해 깊이 인식해야 한다. 모든 피조물 안에 거하며 일하는 하나님의 영광을 거스르고, 세상의 죄악을 강화하는 자는 바로 나 자신이다.[41] 자신의 무능을 깨닫고, 동시에 "죄지은

---

39. Ivens, Understanding the Spiritual Exercises, 54.

40. Cowan and Futrell, 39.

41. 자신의 죄성에 대한 깊은 인식의 표현은 도스토옙스키의 작품 『카라마조프가의 형제들』에서 찾을 수 있다. 한 청년은 죽기 전에 온 피조물에 대한 자신의 죄를 깨닫는다: "그의 방은 오래 된 나무가 심어진 정원을 마주 보고 있었고, 새싹이 피고 새들이 와서 창문 아래에서 노래하고 있었으며, 그는 큰 기쁨으로 그들을 바라보고 용서를 구하기 시작했습니다: '오, 하나님의 선한 새들아, 기쁨의 새들아, 나도 너희에게 죄를 지었으니 용서해 주렴.' 우리 중 누구도 그를 이해할 수 없었고, 그는 기쁨으로 울었습니다. '그래, 하나님의 영광이 나를 둘러싸고 있어: 새, 나무, 초원, 하늘; 나만 부끄러움 속에 살면서 피조물을 욕되게 하고, 그들의 아름다움도 영광도 인식하지 못했구나.'"(카라마조프가의 형제, 6권, 2장); Cusson, Biblical Theology and the Spiritual Exercises, 75에서 인용.

나"[59] 자신을 깨닫는 것은 오히려 하나님의 사랑과 자비, 영광을 바라보도록 인도한다. 하나님의 속성과 "내 안에 있는 반대되는 것들"을 맞대어 본다면, "경이의 탄성"[60]으로 흘러들 수밖에 없다.[42] "경이의 탄성"을 통해 나는 마침내 진정한 정서적 자기 이해에 도달한다: 나는 삼위일체 하나님의 구원과 사랑을 받은 죄인이다. 이 경이의 외침에서 자연스럽게 삼위일체 하나님에 대한 깊은 감사가 나온다[61]. 이것은 이냐시오가 큰 깨달음을 얻은 후에 십자가 앞에서 얻은 것과 비슷한 경험이다. 참된 자기 인식, 깊은 감사, 그리스도를 섬기려는 강한 열망은 둘째 주에 '왕국묵상'을 할 준비를 할 수 있게 해준다.

C. 영원한 왕이신 그리스도께서 '일함과 영광'으로 부르심: 하나님 영광으로 가는 길

첫 주에는 죄와 하나님 영광의 두 가지 반대되는 운동에 비추어, 수련자는 아마도 자신이 구원받고 사랑받는 죄인이라는 깊은 정서적 자기 인식을 갖게 될 것이다. 이것을 모체로 그는 하나님께 감사를 드리고 하나님의 영광의 운동에 참여함으로써 그리스도를 섬기고자 하는 초기 소망을 갖게 된다. 그러나 아직 그리스도를 섬기는 방법을 알지 못하기 때문에 이 초기 소망은 여전히 약하다. 수련자는 "그리스도를 위해 무엇을 해야 하는가"[53]라고 외치고, 바로 이 질문과 함께 그는 왕

---

42. Cowan and Futrell, 41.

국묵상을 맞닥뜨리게 된다.

1. 이냐시오의 그리스도 비전

그리스도의 왕국묵상을 더 온전히 이해하기 위해서는, 먼저 삼위일체 순환 운동과 영주-신하 관계에서 영주의 역할과 관련하여 이냐시오의 그리스도 비전을 살펴볼 필요가 있겠다. 삼위일체 순환 운동에 비추어 이냐시오는 그리스도를 창조주이시고 중보자(또는 구속자)이시며 영원한 왕(또는 주님)이자 동반자로서 동시에 여긴다.[43] 그에게 그리스도는 구혼자도 신랑도 아니었다. 오히려 그는 그리스도를 평소 "친구", "주인", "왕", 또는 "주님"이라고 불렀는데,[44] 이는 당시의 영주-신하 관계에서 영주의 역할을 반영한 것이었다. 영주의 역할은 제공자, 보호자, 지도자, 동반자라는 네 가지 주요 역할로 표현되었다. 한편, 왕은 영주 역할의 일부 특성을 공유했지만 여전히 최고의 통치자였다. 영신수련, 특히

---

43. 이 이미지 외에도 순례자와 노동자는 이냐시오의 그리스도 이미지의 일부이다. 순례자는 이냐시오의 『자서전』에 선명하게 나타나고, 포도밭의 일꾼은 <u>수도회 규칙</u>에 강하게 나타난다. 여기서는 『영신수련』에 두드러지는 이냐시오의 그리스도 이미지에 초점을 맞추고자 한다.

44. T. N. Siqueira, "Christ in the Spiritual Exercises", <u>The Month</u> 158 (1934): 120; William J. Young, "St. Ignatius and Christ", <u>Woodstock Letters</u> 85 (1956): 4; Eugene Maio, "The Christology of Ignatian Contemplation", <u>Review for Religious</u> 23 (1964): 481; Hugo Rahner, <u>The Christology of the Exercises</u> (Jersey City: Program to Promote the Spiritual Exercises), 181-196; H. Rahner, <u>The Vision of St. Ignatius in the Chapel of La Storta</u>, 84. 여기서 휴고 라너는, 이냐시오에게 그리스도는 모든 면에서 본질적으로 "중보자, 지도자, 모범, 아버지께로 가는 길, 아버지의 계시자"라고 생각한다. David Lonsdale, <u>Eyes to See and Ears to Hear: An Introduction to Ignatian Spirituality</u> (Maryknoll: Orbis Books, 2000), 58-70. 이냐시오의 저술에 신비로운 약혼과 결혼식에 대한 언급이 없는 이유를 이해하려면 Guibert, 174-181을 보라. 귀베르트에 따르면, 그리스도 안에서 하나님과 우리가 연합한다는 생각은 이냐시오의 사랑을 통한 사도적 봉사에서 발견된다.

왕국묵상에서 그리스도는 왕이자 영주로 제시된다. 그러므로 이냐시오의 영신수련에서 그리스도께서는 영원한 왕이자 영주로서의 네 가지 모습을 모두 드러내신다.[45]

첫째, 이냐시오에게 그리스도께서는 인간이 된 창조주이시다[53]. 자신의 신비체험에서 발견했듯이, 이냐시오는 하나님께서 그리스도를 통해 세상을 창조하신 방법을 이해했다. 그리스도는 모든 피조물 안에 거하시고, 모든 피조물은 그리스도를 통해 하나님으로부터 나왔으며, 그리스도의 영광스러운 임재 안에서 그 참된 존재를 갖게 된다. 만물을 우리에게 공급하는 창조주로서의 그리스도의 이미지는 영주-신하 관계에서 공급자로서의 영주의 이미지와 일치한다. 이 이미지는 '원리와 기초'와 '하나님의 사랑을 얻기 위한 관상' 모두에서 두드러지게 발견된다. 또한 이냐시오는 영신수련에서 그리스도의 인성을 강하게 강조하지만, 그리스도의 생애와 그의 파스카 신비를 묵상하는 동안에도 그리스도가 세상의 창조자이자 구속자라는 사실을 결코 무시하지 않는다.[46] 그리스도의 창조 활동은 우리에게 온 세상 만물뿐만 아니라 그 자신도 주시기 위한 것이다[53, 234]. 따라서 이냐시오는 그리스도를 "창조주 주님"으로 생각했다[16].[47]

---

45. Robert L. Schmitt, "The Christ-Experience and Relationship Fostered in the Spiritual Exercises of St. Ignatius of Loyola", Studies in the Spirituality of Jesuits 6 (1974): 226-227, 231.

46. Avery Dulles, "Saint Ignatius and the Jesuit Theological Tradition", Studies in the Spirituality of Jesuits 14 (1982): 5. 또한 Sigueira, "Christ in the Spiritual Exercises", 120을 보라.

47. 이냐시오는 『영신수련』에서 "창조주"라는 칭호를 스물여섯 번이나 사용한다. 이 칭호는 단독으로 사용될 뿐만 아니라 "주님"과 "구세주"라는 다른 칭호들과 함께 사용되기도 한다. [15, 20, 38, 39, 53, 316, 330]의 "창조주"; [5, 15, 16, 20, 38, 39, 50, 184, 316, 317, 324, 351]의 "창조주 주님"; [229]의 "창조주 구세주." Varghese Malpan, 219를 보라. 총 26회 중

둘째, 이냐시오의 또 다른 그리스도의 이미지는 중보자이며, 이는 보호자로서의 영주의 이미지를 반영한다. 영주는 신하들을 위해 적과 맞서 싸울 뿐만 아니라, 왕의 궁정에서 신하들을 위해 중재함으로써 신하들을 보호하는 데 헌신한다. 마찬가지로 그리스도는 중보자, 즉 모든 것의 끝이며 또한 그 원천인 아버지 하나님께로 가는 길이다. 바울은 우리의 구원이 "하나님 영광에 참여하는 지분"이라고 말한다;[48] 이냐시오에게 우리의 구원은 "'내 아버지의 영광 안에 들어가'"는 것이다[95]. 그러나 우리는 죄를 지었기 때문에 "하나님의 영광에 이르지 못한다"(롬 3:21). 이냐시오에게 신성한 영광의 운동은 죄의 두 극단을 화해시키고 "아버지 하나님의 영광에 들어가기 위한" 노력이다. 그리스도는 하나님 영광이 움직이는 그 중심에 서서 두 극단을 화해시킨다.[49] 그리스도는 성육신을 통해 우리의 연약한 인간적 조건을 포용하여 그것을 내면으로부터 회복시킨다. 그리스도를 통해 우리 인간의 조건은 죽음으로 향하는 운명에서 벗어나 아버지 하나님의 영광에 참여하게 된다. 그러므

---

[53]과 [229]의 묵상에서만 "창조주"라는 칭호가 그리스도를 명시적으로 나타내는 데 사용된다. 그러나 대부분의 현대 학자들은 "이냐시오가 하나님을 우리의 '창조주 주님'이라고 말할 때마다 그는 예수 그리스도를 생각하고 있었다"라는 휴고 러너의 주장에 동의한다. Schmitt, "The Christ-Experience and Relationship Fostered in the Spiritual Exercises of St. Ignatius of Loyola", 232; Hugo Rahner, Ignatius the Theologian, 64; Harvey Egan, The Spiritual Exercises and the Ignatian Mystical Horizon (St. Louis, 1976), 97을 보라. 한편, 피터스(Peters)는 "창조주이자 구속자(Cridador y Redemptor)는 그리스도가 아니라 축복받은 삼위일체를 뜻한다"라고 주장한다. 그러나 피터스도 그리스도가 창조의 신성한 활동에 참여했다는 점을 인정하기 때문에, 나의 견해로는 그 둘의 차이가 없다. William A. M. Peters, The Spiritual Exercises of St. Ignatius Exposition and Interpretation (Rome: Centrum Ignatianum Spiritualitatis, 1978), 150을 보라.

48. Joseph A. Fitzmyer, Spiritual Exercises Based on Paul's Epistle to the Romans (New York: Paulist Press, 1995), 54-62.

49. Cusson, Biblical Theology and the Spiritual Exercises, 189.

로 그리스도께서는 자신과 함께 모든 피조물을 아버지 하나님의 영광에 이르게 하는 중보자이시다.

이냐시오에게 그리스도는 중보자 또는 하나님의 영광으로 가는 길일 뿐만 아니라, 만물을 아버지 하나님의 영광으로 되돌려 드리기 위해 일하고 고통받는 영원한 왕이다.[50] 그는 또한 그리스도를 동료 기사로 여긴다. 그리스도는 영원한 왕이시자,[51] 함께 일하고 고통받음으로써 우리가 그의 사명에 참여하여 아버지 하나님의 영광을 함께 나누도록 부르시는 동반자이다. 즉, 그리스도는 명예와 영광의 소망으로, 십자가를 지고 "온 세상과 모든 원수를 정복하여"[95] 그분의 고귀한 사명의 동반자로 우리를 초대하고 계시다.[52]

---

50. 이냐시오의 그리스도에 대한 이미지 중에서 왕으로서의 그리스도의 이미지는 현재 가장 논란이 되고 있다. 피터스는 그리스도의 왕 이미지를 강력하게 비판한다. 그는 그리스도의 왕 이미지가 영신수련에서 거의 예가 없다고 지적한다. 그는 'Rey(왕)'라는 단어가 왕국 묵상 외에는 이냐시오에 의해 사용되지 않았다고 한다. 그는 수련자가 그리스도를 전투를 준비하는 모습이 아니라, 겸손한 설교자로서 시골을 돌아다니는 모습으로 볼 것을 이냐시오가 기대한다고 생각한다. William Peters, "The Kingdom: The Text of the Exercise", The Way Supplement 18 (1973): 6-16; "The Exercise in the Jesuit Tradition", The Way Supplement 18 (1973): 17-27을 보라. 내가 보기에 피터스는 이냐시오 영성을 전쟁과 같은 영성으로 잘못 해석하거나 오해하는 것에 과민하게 반응하는 것 같다. 그는 그리스도의 왕 이미지가 그러한 전쟁과 같은 영성의 주요 원천이라고 생각할지도 모른다. 나는 그리스도의 왕 이미지가 전쟁적 또는 제국주의적 영성을 뒷받침하는 데 오용될 수 있다는 지적에 동의하지만, 이냐시오가 왕이신 그리스도의 이미지를 사용한다고 해서 이냐시오 영성 전체가 폭력적인 함축으로 물들지는 않는다. 왜냐하면 이냐시오에게 그리스도는 군사력과 폭력으로 적을 제압하는 제국주의적 왕이 아니라 십자가를 통해 승리를 거두는 고난 받는 왕이기 때문이다. 이냐시오의 군사적 교회(ecclesia militans) 개념을 반인간과 투쟁하는 교회로 해석한 버클리의 해석은 이냐시오 영성이 전쟁 영성이라는 오해를 바로잡는 데 큰 도움이 될 것이다. Michael J. Buckley, "Ecclesial Mysticism in the *Spiritual Exercises* of Ignatius", Theological Studies 56 (1995): 441-463을 보라.

51. Hugo Rahner, Ignatius the Theologian, 97.

52. Lonsdale, Eyes to See, Ears to Hear, 63. 이냐시오의 봉사 신비주의에서 사귐의 중요성에 대해서는 Young, "St. Ignatius and Christ", 4-5를 보라. 영은 "그리스도와의 사귐이라는 개념에서 우리는 거룩하신 아버지의 헌신의 비밀, 즉 그분의 영성의 열쇠를 발견할 수 있을 것"

영원한 왕이자 동반자인 그리스도의 이미지는 지도자이자 친구인 영주의 이미지와 일치한다. 지도자가 충성스러운 봉사의 행위를 요구하고 실제로 격려하는 것처럼, 영원한 왕이신 그리스도는 우리가 구원에 참여할 뿐만 아니라, 그 사명에 참여하도록 우리를 부른다. 그리스도는 그가 먼저 사랑의 봉사로 자신을 우리에게 주었던 것처럼, 우리도 같은 방식으로 스스로를 온전히 바치도록 영감을 준다. 그리스도께 대한 사랑의 봉사는 그리스도의 생명의 신비를 실천하는 것이다. 이냐시오는 그리스도의 삶을 그리스도의 부활 신비를 통한 사탄과의 싸움이자 승리로 여긴다. 그리스도에 대한 우리의 사랑의 봉사는 우리의 일상생활에서 각자 고유의 형태로 파스카 신비를 실천하는 것이다. 한편, 친구로서의 영주가 자신의 음식을 비롯한 다른 모든 것들을 기사들과 나누는 것처럼 동반자로서의 그리스도는 우리를 가장 깊은 친밀감으로, 그분의 일함과 영광의 삶으로 초대한다. 그러므로 이냐시오에게, 그리스도에 대한 우리의 봉사는 경건하고 친밀한 사랑의 봉사인 것이다.[53]

2. 그리스도께서 하나님 영광의 운동으로 부르심

이냐시오의 그리스도 이미지를 염두에 두고, 하나님의 영광과 관련하여 '그리스도의 왕국 수련'을 살펴보기로 하자. 이 수련은 첫 주의 열매를 예수님의 생애에 대한 묵상과 연결시켜 주는 "다리"[54] 역할을 한

이라고 말한다.

53. Schmitt, "The Christ-Experience and Relationship Fostered in the Spiritual Exercises of St. Ignatius of Loyola", 238-242.

54. David Fleming, ed., Notes on the Spiritual Exercises of St. Ignatius Loyola, 10-11. 또한

다. 사랑, 감사, 그리스도를 섬기려는 초기의 열망과 같은 열매들은 이 묵상을 통해 그리스도를 더 알고, 따르고, 친밀한 섬김의 동반자 관계에 들어가려는 열망으로 발전할 수 있다. 즉, 첫 주에 신적 영광의 운동을 잠시 맛보았던 것이 그 운동에 개인적으로 참여하라는 부르심으로 바뀌게 된다.[55]

이 수련은 또한 둘째 주의 두 번째 원리와 기초로 간주된다. 다빌라 (Dávila)에 따르면, 왕국 수련은 "이 전체 단계의 기초이며 주님의 삶과 업적, 그리고 영원하신 아버지를 위해 그분이 받으신 대담한 계획의 요약"이다.[56] 이냐시오에게 그리스도의 생애와 업적의 요약과 개요는 "일함과 영광"이다.[57] 결과적으로, 이 두 번째 원리와 기초의 원리는 그리스도와 함께 일하여 그와 함께 영광에 들어가는 것이다. 첫 번째 원리와 기초가 하나님의 영광에 대한 규범을 확립하는 반면, 이번 수련은

Schmitt, "Presenting the Call of the King", 20을 보라. 입문과 시험과 같은 왕국 묵상의 다른 가능한 기능에 관해서는 Longridge, The Spiritual Exercises of St. Ignatius of Loyola, 76; Coventry, "The Call of the King", 10; Ganss, The Spiritual Exercises of Saint Ignatius, note 52, p.159; Schmitt, "Presenting the Call of the King", 20을 보라.

55. Cusson, Biblical Theology and the Spiritual Exercises, 201.

56. Palmer, 250. 이 견해는 대부분의 현대 이냐시오 학자들에 의해 널리 받아들여지고 있다. 휴고 라너는 이 묵상을 "둘째 주의 기초, 구원의 역사에서 구체적으로 드러난 수련의 기초"로 간주한다. H. Rahner, Notes on the Spiritual Exercises, 298. 이파라기레(Iparraguirre)는 왕국에 대한 묵상을 두 번째 '원리와 기초'로 간주해야 한다고 주장한다. Iparraguirre, A Key to the Study of the Spiritual Exercises, 66. 커슨은 이 왕국 운동이 "하나님의 구원 계획에 대한 일반적인 견해"로 간주되며, 따라서 "그리스도를 통해 그 계획의 전개를 드러내는 모든 후속 관상의 기초"라고 주장한다. Cusson, Biblical Theology and the Spiritual Exercises, 173. 코완(Cowan)은 이 묵상이 "둘째 주의 모든 관상에 대한 주제적 방향을 제시한다"라고 지적한다. Cowan & Futrell, 65.

57. 휴고 라너는 그리스도 생애의 신비에 대한 이냐시오의 비전이 일(labor)과 영광(gloria)의 대조에 의해 강하게 영향을 받았다고 주장한다. Hugo Rahner, Ignatius the Theologian, 100-101.

하나님의 영광에 이르는 구체적인 방법을 보여준다. 수련자는 하나님의 영광이 우리가 그리스도의 삶에 참여하는 데 있으며, 따라서 하나님의 왕국을 전파하는 사명을 완수하기 위해 그리스도와 함께 일하고 고난받는 데에 그 영광이 있다는 사실을 알게 된다. 이파라기레(Iparraguirre)는 이렇게 썼다:

> 성 이냐시오의 언어에 있어서 다음의 두 가지 공식, 즉 '하나님의 더 큰 영광'과 '예수 그리스도의 완전한 모방'은 서로 호환된다. 첫 번째는 '원리와 기초'의 최고의 종합이다. 두 번째는 『영신수련』의 두 번째 주 전체를 완벽하게 요약한 것이므로, '세 번째 겸손'과 더 명확하게 동일하다.[58]

따라서 이냐시오는 '일함과 영광(laboring-glory)'의 원리를 '예수 그리스도를 온전히 본받는 것'의 구체적인 방법, 즉 하나님의 더 큰 영광을 위한 구체적인 방법으로 제시한다.

'왕국묵상'은 자신의 목적과 영신수련의 목적이 수련자를 만레사에서 이냐시오가 변화된 것과 유사한 경험으로 인도하는 것임을 분명히 보여준다. 앞서 언급했듯이, 이냐시오는 하나님의 영광과 영혼의 구원을 위해 전적으로 헌신하는 새로운 사람으로 변화되었다. 이냐시오가 자신의 삶의 목적이 하나님의 영광과 인간의 구원을 위해 헌신하는 것임을 깨닫게 된 것은 하나님께서 영신수련, 특히 왕국과 두 가지 표준의 묵상을 알려주셨기 때문에 가능했다. 따라서 이 묵상의 목적은 하나

---

58. Iparraguirre, <u>A Key to the Study of the Spiritual Exercises</u>, 85.

님의 영광과 인간의 구원을 위해 자신을 온전히 헌신하려는 완전한 의지에 도달하는 것이다. 그러나 이 훈련의 초점은 아직 선교에 있는 것이 아니라, 그리스도의 부르심과 그리스도께서 우리를 그분의 구원의 사명으로 이끄시도록 허용하는 우리의 의지에 있다.[59] 이 묵상은 열정, 관대함, 사랑으로 그리스도를 따르고자 하는 열망을 자극하여 예수 그리스도의 삶을 관상하도록 격려한다.[60]

'왕국묵상'은 크게 두 부분으로 구성된다: 1) 지상의 왕에 대한 예비 비유[92-94], 2) 영원한 왕이신 그리스도의 우주적 사명에 대한 부름[95] 및 그 부름에 대한 두 가지 유형의 응답[96-98]. 지상의 왕에 대한 예비 비유는 수련자가 더 주의를 기울이고 그리스도의 부름에 더 신속하고 부지런히 응답하도록 하는 데 목적이 있다. 또한, 이 비유는 영원한 왕이자 동반자인 그리스도의 새로운 이미지를 더 잘 받아들일 수 있도록 도와주며, 그리스도는 온 세상에 하나님의 왕국을 전파하는 사명을 동반자들과 함께 나누고, 그들이 아버지 하나님의 영광에 함께 들

---

59. Karl Rahner, Spiritual Exercises, 134. 이 문제에 관해서는 피터스도 라너의 의견에 동의한다. 피터스는 이 묵상에서 수행자가 그리스도의 부르심을 놓치지 않고자 하는 소망을 넘어서서는 안 된다고 주장한다. 그에 따르면, 이 묵상의 본문을 읽을 때 정확성의 결여는 "긴급하고 거의 피할 수 없는 요청이라는 측면에서, 부르심에 대한 고려로부터 지금 여기에서의 응답으로" 주의를 이동시키는 데 자리 잡고 있다. 그는 이것이 지나친 강조라고 생각한다. William Peters, "The Kingdom: The Text of the Exercise", 7-8. 아이븐스(M. Ivens)도 칼 라너의 의견에 동의한다. 그는 이 묵상에서 수련자가 실제로 종결적인 헌신을 이행하지 않는다고 지적한다. Ivens, Understanding the Spiritual Exercises, 77. 휴고 라너도 이 묵상의 즉각적인 목표는 아직 사도적 봉사를 형성하는 것이 아니라, 왕국 건설은 왕이신 그리스도께 자신을 온전히 바치는 인간 인격의 일 없이는 불가능하다는 것을 깨닫는 것이라고 말하며 이에 동의한다. H. Rahner, Ignatius the Theologian, 110-111.

60. Ganss, The Spiritual Exercises of Saint Ignatius, note 52, p.159. 또한 Iparraguirre, A Key to the Study of the Spiritual Exercises, 71을 보라.

어갈 수 있도록 촉구하신다.

이 비유에서 이냐시오는 이상적인 지상 왕과 이상적인 영주-신하 관계를 제시한다.[61] 그는 "불신자들의 땅을 모두 정복"[93]하는 것이라는

---

61. 코놀리(Connolly)에 따르면, 이 비유를 제시한 이냐시오의 의도를 이해하려면 "이 왕과 같은 사람은 존재하지 않았으며 이냐시오도 우리만큼이나 이 사실을 잘 알고 있었다는 점에 주목하는 것이 중요하다…. 이냐시오는 의도적으로 꿈에 호소하고 있었다. 이 비유의 요점은 왕은 결코 존재할 수 없었다는 것이다. 그의 현실은 우리의 가장 깊은 욕망과 희망의 상징이 외부 현실의 변형을 피할 수 있는 꿈의 강력한 현실이다." William J. Connolly, "Story of the Pilgrim King and the Dynamics of Prayer", in Notes on the Spiritual Exercises of St. Ignatius of Loyola, ed. David L. Fleming (St. Louis: Review for Religious, 1996), 104. 이 비유와 현대인, 특히 여성과의 관련성에 대해 뜨거운 논쟁이 벌어지고 있다. 어떤 사람들은 이 비유가 너무 남성적이고 전투적인 어조여서 현대인들에게 적합하지 않다고 생각한다. 그들은 왕국 묵상을 제시하는 새로운 접근법을 찾으려고 노력해 왔다. Katherine Dyckman, Mary Garvin, and Elizabeth Liebert, The Spiritual Exercises Reclaimed: Uncovering Liberating Possibilities for Women (Mahwah: Paulist, 2001), 191-194를 보라. 널리 채택된 현재의 왕국 묵상 방법에 관해서는 Ivens, Understanding the Spiritual Exercises, 79; Schmitt, "Presenting the Call of the King", 24-28; Cowan & Futrell, 68을 보라. 그러나 다른 사람들은 "비유를 수정하는 것은 묵상의 목적을 달성하기 위해 생각해 낸 장치를 완전히 파괴하지는 않더라도 약화시키는 것"이라고 지적하면서 비유를 다시 쓰는 것에 만족하지 않는다. Zacheus J. Maher, The Kingdom for the Laity (Jersey City: Program to Promote the Spiritual Exercises), 115; Carlo-Maria Martini, 83을 보라. 휴고 라너는 이 비유를 다시 써야 한다는 의견에 전적으로 동의하지 않는다. 융의 생각에 비추어 볼 때, 라너는 왕의 개념을 "인간 마음의 원형"으로 간주한다. 따라서 그는 이 비유가 현대인에게도 여전히 유효하다고 생각한다. Hugo Rahner, Notes on the Spiritual Exercises, 321. 코아탈렘(Coathalem)은 비유를 버리거나 변형해서는 안 된다고 믿는다. 그는 다음과 같이 주장했다: "비유를 버리는 것은 묵상의 동력을 약화시키는 것이며… 대체하는 것은… 묵상의 분위기를 바꾸는 것이다. 비유를 해석하는 것은 그 본질이나 표현의 힘을 바꾸지 않고도 충분히 쉬워 보일 것이다." Coathalem, 134-135. 오라일리(O'Reilly)는 박사학위 논문에서 프리(Fri)와 켈시(Kelsey)의 차별(*discrimen*) 개념에 근거하여 "현세 왕의 비유를 대체하거나 바꾸거나 제거하기보다는 왕국에 대한 묵상의 기독론적 발전의 일부로 유지해야 한다"고 제안한다. Maureen Anne Margaret O'Reilly, "Narrative Theology and its Application to the Christology of the Spiritual Exercises" (Ph.D. diss., St. Michael's College, 1998), 159. 한편 커슨은 두 가지 다른 의견의 중간에 서 있다. 그는 "이냐시오의 비유가 구식 표현으로 제시돼서는 안 되며, 단순히 현대적 용어로 옮겨서도 안 된다"라고 주장한다. 그는 이 비유가 "주관적인 차원에서 그리스도를 따르기 위한 보다 의식적인 헌신을 시작하는 단계에서 매우 정확한 기능을 하는" 비유가 지닌 가치를 이해한다. 그에게 비유는 수련자의 열정, 욕망, 열망, 야망에 생기를 불어넣어 수련자가 전인격의 사실성을 가지고 그리스도의 말씀을 듣고 따를 수 있도록 도와주는 역할을 한다. 따라서 그는 각 수행자가 "자신의 비유, 즉 자신의 과거 삶에 대한 비유를 디자인"하도록 초대받는다고 주장한다.

신이 부여한 사명을 가진 이상적인 지상 왕 앞에 신하이자 기사로 상상되는 수련자를 위치시킨다.[62] 이 사명은 영토 확장보다는, 여전히 어둠의 권세 아래 있는 사람들에게 구원의 복음을 전하고자 하는 사랑의 열망과 관련이 있다.[63] 지상의 왕은 신성한 사명을 함께 달성하기 위해 기사들을 불러 동행한다. 그러한 왕의 부름을 받아들이지 않는 것은 "어리석은 자"로 비난받아 마땅한 수치인 것이다[94]. 왕과 기사의 동반자 관계에 대한 이 작은 기미로, 이 지상 왕의 비유는 수련자가 영원한 왕이자 동반자인 그리스도의 부름에 더 주의를 기울이도록 도와준다.

이 왕국묵상의 두 번째 부분은 지상의 왕의 비유를 "영원한 왕이신 우리 주 그리스도"[95]에 적용하는 것이다. 첫 번째 지점에서, 수련자

Cusson, Biblical Theology and the Spiritual Exercise, 177-184; The Spiritual Exercises Made in Everyday Life, 66-67. 아시아인의 관점에서, 나는 이 비유가 현대인에게도 여전히 유효하다는 휴고 라너의 의견에 동의한다. 유교의 영향을 받은 동아시아 국가들에서 이상적인 사회는 이상적인 왕이 잘 다스리는 사회로 상정되어 왔기 때문에, 이상적인 왕의 이미지는 동아시아 사람들에게 여전히 의미가 있다고 생각한다. 그러나 일부 수련자가 이 비유에 의해 어려움을 겪는다면, 자신만의 비유를 설계할 수 있도록 허용해야 한다.

62. Schmitt, "The Christ-Experience and Relationship Fostered in the Spiritual Exercises of St. Ignatius of Loyola", 223.

63. Malphan, 272. 그러나 우리는 그것이 십자군 정신의 색채를 띠고 있음을 인정하지 않을 수 없다. 이냐시오는 어느 정도는 직간접적으로 십자군 영성의 영향을 받았다. 십자군 영성이 이냐시오에게 미친 영향에 대해서는 Hans Wolter, "Elements of Crusade Spirituality in St. Ignatius", in Friedrich Wulf, ed., 97-134를 보라. 볼터는 다음과 같이 지적한다: "로욜라의 영적 기사인 성 이냐시오의 영성에는 서구 십자군 영성의 필수 요소들이 새로운 종합으로 형성되어 있다. 성 이냐시오의 영성은 과거의 거울인 동시에 미래를 위한 형성적인 힘이다." 왕국 묵상에 대한 십자군 칙령의 오점에 관해서는 Norman P. Tanner, "Medieval Crusade Decrees and Ignatius's Meditation on the Kingdom", Heythrop Journal 31 (1990): 505-515를 보라. 태너는 "이냐시오 영성은 중세 십자군 전통의 맥락에서 보아야 한다"는 볼터의 의견에 동의하지만, "군사적 원정에서 벗어나 그리스도의 소환에 대한 훨씬 더 영적인 해석으로 이동함으로써, 볼터가 이 전통의 급진적 변화에 기여했다는 점을 항상 기억해야 한다"라고 말한다. 태너는 십자군 칙령, 특히 라테란 4세(Lateran IV)의 칙령과 왕국 묵상 사이에 놀라운 유사점이 있음을 보여준다. 그 유사점은 다음과 같다: 1) 불신자의 땅을 정복하라는 소환, 2) 음식, 의복, 노역, 승리를 포함한 모든 것의 공유, 3) 부름을 거부하는 자에 대한 불명예.

는 "영원한 왕이신 우리 주 그리스도"를 바라보도록 초대받는다. 살아 있는 왕으로서 그리스도는 아버지께서 자신에게 맡기셨으나 아직 끝나지 않은 그 사명을 완수하기 위해 지금 여기를 살아가는 우리의 동반자이며, 우리를 이 사명을 위한 동료로서 부르고 있다. 영원한 왕의 사명은 "온 세상과 모든 원수를 정복하여 내 아버지의 영광 안에 들어가"는 것이다[95]. 영원한 왕은 초대의 말을 전한다: "나와 함께 가기를 원하는 사람은 나와 함께 일해야 한다. 고통 중에 나를 따르는 이들은 영광 중에서도 나를 따르게 하겠다"[95]. 여기서 죄와 신성한 영광의 두 가지 적대적인 운동을 맛본 수련자는 신성한 영광의 운동의 본질을 분명히 보고, 그 운동에 참여하도록 초대받는다. 이나시오의 신비체험에서 볼 수 있듯이, 그 운동의 본질은 그리스도가 그 중심에 서 있다는 점이다. 그는 모든 피조물을 아버지 하나님의 영광으로 되돌리기 위해 사탄과 싸우고 있다. 사탄과의 전쟁 속에서 그리스도는, 사탄이 주도하는 죄의 운동에 대항하는 신성한 영광의 운동에 참여하도록 우리를 부르고 있다. 이런 의미에서 그리스도의 부르심은 첫 주에 우리가 외쳤던 "그리스도를 위해서 무엇을 해야 하는가"라는 부르짖음에 대한 응답이 된다[53]. 우리는 단지 그리스도를 위해서만이 아니라, 그리스도와 함께 일하고 고난 받도록 부름 받았다. 죄의 운동을 확대하고 강화하는 데 참여한 우리에게는 이것이 진정한 영광과 축복이다. 그러므로 그리스도의 부르심은 그 자체로 이중의 은총, 즉 그리스도 안에서의 구원의 은총과 더불어 그분의 구원의 사명에 함께 참여하는 은총을 모두 포함한다.[64]

---

64. Malpan, 273.

역설적이게도, 바울과 마찬가지로 이냐시오에게 십자가는 온 세상과 모든 적을 정복하는 그리스도의 방법이다. 이는 십자가가 "영원한 왕이신 온 세상의 주님"인 그리스도의 방법이기 때문이다[97].[65] 그리스도의 왕권은 이냐시오의 젊은 시절 경험처럼 부와 권력에 둘러싸여 굴욕과 모욕, 가난과 고통을 결코 용납하지 않는 세상 왕의 형태가 아니라, 십자가를 지고 세상을 섬기는 종의 형태다.[66] 영원한 왕이신 그리스도는 아버지 하나님의 영광을 향한 여정에서 우주의 운동을 통제하고 있다.[67] 십자가는 영원한 왕이 되는 그리스도의 길이므로, 그것은 여전히 그리스도의 사명을 성취하고 모든 피조물을 아버지 하나님의 영광으로 인도하는 길이다. 그러므로 그리스도는 우리가 그와 함께 일하고, 십자가의 죽음에 이르는 고난을 따르고, 그리하여 그분과 함께 아버지 하나님의 영광에 들어갈 수 있도록 우리를 초대한다. 이냐시오에게 있어 십자가는 요한복음의 저자와 마찬가지로 하나님의 영광이 깃든 특권적인 장소이다.

이냐시오의 그리스도 환상에서 볼 수 있듯이, 그리스도의 부르심은 '일함과 영광'의 원리로 특징지어진다. 일함과 영광은 예수님 생애의 내적 구조이며 복음의 개요이다. 예수님의 구체적인 삶은 삼위일체의 내적 삶을 비교할 수 없는 방식으로 우리에게 드러내어 준다. 그러므로 그

---

65. "…그는 자신을 낮추시고 죽기까지 복종하셨으니 곧 십자가에 죽으심이라. 이러므로 하나님이 그를 지극히 높여 모든 이름 위에 뛰어난 이름을 주사 하늘에 있는 자들과 땅 아래에 있는 자들로 모든 무릎을 예수의 이름에 꿇게 하시고 모든 입으로 예수 그리스도를 주라 시인하여 하나님 아버지께 영광을 돌리게 하셨느니라"(빌 2:8-11).

66. Lonsdale, Eyes to See, Ears to Hear, 68.

67. Cusson, Biblical Theology and the Spiritual Exercises, 195.

리스도와 함께 일하여 그분과 함께 아버지 하나님의 영광 안으로 들어가는 것은 예수님의 삶에 참여하는 것이며, 따라서 삼위일체의 내적 생명에 참여하는 것이다.[68] "하나님의 영광은 삼위일체의 내적인 삶의 현현"이므로,[69] 예수님의 구체적인 삶은 하나님의 영광으로 가득 차 있다. 따라서 하나님의 영광은 우리가 예수님의 삶에 참여할 때 나타난다. 고난 속에서 그리스도와 함께 일하고 그를 따르는 것이 하나님의 영광을 드러내는 가장 좋은 방법인 것이다.

그리스도의 사명은 세상에 하나님의 왕국을 세우는 것이다. 왕국은 예수 그리스도를 통해 우리가 참여하는 삼위일체의 내적인 삶이다. 그리스도의 선교에 참여한다는 것은 고난 속에서 그리스도와 함께 일하고 그리스도를 따르는 것, 그리스도를 통해 온 우주를 그 왕국, 즉 삼위일체의 내적 생명으로 인도하는 의미를 가지고 있다. 결과적으로 하나님의 영광은 우리가 왕국을 이루기 위해 그리스도와 함께 일하는 것뿐만 아니라, 그 왕국 안에서 사는 것 안에서도 찾아볼 수 있다.

두 번째와 세 번째 요점은 영원한 왕의 부름에 대한 우리 응답의 두 가지 유형과 관련이 있다. 두 번째 요점은 영원한 왕의 부름에 대한 우리의 응답을 "판단력과 이성"[96]에 따라 고려하는 것이고, 세 번째 요점은 "영원한 왕이신 온 세상의 주님께 대한 모든 봉사에서 더욱 헌신

---

68. Karl Rahner, Spiritual Exercises, 114-116. 칼 라너는 우리가 삼위일체적 삶으로 들어가는 것은 "지금 우리에게 현존하는 예수님의 구체적인 역사적 삶으로 이끌릴 때만 일어난다"고 주장한다.

69. Cowan and Futrell, 67.

적이고 탁월하기를 원하는"[97] 소망에 따라 고려하는 것이다.[70] 전자의 응답 유형은 헌신의 동기와 대상이라는 측면에서 그리스도의 일이나 사명에 더 초점을 맞추는 반면, 후자는 그리스도의 인격과 그의 행동 방식에 더 관심을 기울인다.[71]

커슨에 따르면, "판단력과 이성"은 "여기서 믿음과 요한계시록의 내용으로 깨달음을 얻은 올곧은 영"이다.[72] 올곧은 영을 가진 수련자는 신성한 영광의 운동과 하나님 나라의 확산이라는 상호 관련된 두 가지 사업에 전적으로 헌신할 준비가 되어 있고, 또 잘 기질화 되어 있다. 두 번째 유형의 응답[97-98]은 첫 번째 응답을 실현하기 위한 구체적인 조건과 관련이 있다. 구체적인 조건은 오직 그리스도의 삶에서만 찾을 수 있다. 결과적으로 두 번째 응답은 수련자로 하여금 "온갖 모욕과 비난을 감수하고 모든 정신적, 실제적 가난에 이르기까지"[98] 그리스도를 본받아 스스로를 헌신하도록 이끈다. 그리스도에 대한 사랑으로 이루어진 이러한 자기 헌신은 그리스도의 삶을 묵상함으로써 수련자가 점

---

70. 스페인어 구절인 "los que más se querrán affectar"의 두 가지 다른 해석에 관해서는 W. Peters, The Spiritual Exercises of St. Ignatius Exposition and Interpretation, 76-77; "The Kingdom: The Text of the Exercise", 11을 보라. 이 구절은 보통 "더 큰 사랑의 증거를 주고자 하는 사람들" 또는 "더 큰 사랑을 보여주고자 하는 사람들"로 번역된다. 그러나 피터스는 이것의 진정한 번역은 "애정을 나타내기를 더 열망하는 사람들"이라고 주장한다. 그는 그 차이가 "사랑하는 사람과 더 사랑하는 사람, 또는 더 강렬하게 사랑하는 사람 사이의 구별이 아니라; 전자는 이성과 판단에 의해 감동하고 동기를 부여받는 반면, 후자는 부르시는 분에 대한 사랑을 바라본다는 점"이라고 지적한다.

71. Cusson, The Spiritual Exercises Made in Everyday Life, 65; O'Reilly, "Narrative Theology and Its Application to the Christology of the Spiritual Exercises", 163. 두 가지 유형의 반응의 차이에 대한 자세한 설명은 Cusson, Biblical Theology and the Spiritual Exercise, 197, 200-204를 보라.

72. Ibid., 201.

진적인 변화를 받아들일 수 있게 하는 마음의 성향을 드러내준다. 이런 식으로 왕국묵상은 예수 그리스도의 삶을 더 잘 묵상하도록 도와준다. 예수의 생애를 묵상함으로써 변화하는 것은 수련자와 그리스도 사이에 새로운 사랑의 유대를 형성한다. 사랑의 정서적 유대가 더욱 깊고 강해지면서 이냐시오의 충성심과 세속적 명예와 영광에 대한 이상은 그리스도에 대한 사랑과 자기 희생적 봉사로 바뀌게 된다. 여기서 그리스도에 대한 사랑과 자기 희생적인 봉사는 하나님의 더 큰 영광을 위한 사도적 봉사이며, 이냐시오의 삶과 영성의 핵심이다.[73]

그러나 이 묵상의 목적은 아직 사도적 소명을 형성하는 것이 아니라, 일함과 고통 속에서 그리스도를 따르기 위한 근본적인 준비인 것이다. 따라서, 투쟁해야 할 즉각적인 대상은 인간 본성의 적인 "감정과 육적이고 세속적인 사랑"[97]이다. 그것들에 대한 승리는 십자가를 통해서만 가능했고, 지금도 가능하며, 앞으로도 가능할 것이다.[74] 따라서 두 번째 의무는 십자가를 지는 것, 즉 "더 큰 봉사와 찬미"[98]를 위해서만 "온갖 모욕과 비난을 감수하고 모든 정신적, 실제적 가난에 이르기까지" 아멘으로 응답하는 것이다. 즉, 하나님의 더 큰 영광만이 우리가 십자가를 아멘으로 받아들이는 유일한 이유가 된다.

---

73. Paul Molinari, "The Place of the Kingdom in Apostolic Spirituality", The Way Supplement 18 (1973): 55-60. 또한 Guibert, The Jesuits Their Spiritual Doctrine and Practice, 176-181 을 보라.

74. H. Rahner, Ignatius the Theologian, 110-111; Notes on the Spiritual Exercises, 320. 또한 Ivens, Understanding the Spiritual Exercises, 85를 보라.

D. 선택과 영분별을 위한 원리: 하나님의 영광을 위한 자신의 고유한 길과 방법론 찾기

하나님의 영광은 두 가지 방식으로 선택과 영분별에 연결된다. 첫째, 하나님의 영광은 선택과 영분별에 대한 우리의 동기와 목적이다. 이 나시오는 삶의 방식과 선택에 대해 "내가 창조된 목적, 곧 우리 주 하나님을 찬미하고 내 영혼을 구원하려는 목적만을 바라보아야 하는 것이다"[169]라고 말하며 '원리와 기초'의 첫 번째 원칙을 강조하고 있다. 여기서 우리는 선택이 원리와 기초의 보다 정확한 적용이라는 것을 알 수 있다. 그러므로 하나님의 영광이 선택을 규제하는 원리가 된다.

이나시오는 세 번째 선택 방식의 첫 번째 방법에서, 다시 한번 수련자에게 "내가 창조된 목적, 곧 우리 주 하나님을 찬미하고 내 영혼을 구원하는 것을 목표로" 삼으라고 조언한다[179]. 이것은 또한 이나시오에게 있어서 우리 선택의 목적이 하나님의 영광이어야 한다는 것을 분명히 보여준다. 선택의 유일한 동기는 오직 우리 주 하나님의 더 큰 찬송과 영광 말고는 그 어떤 것도 될 수가 없다. 소명의 유일한 목적은 하나님의 더 큰 영광과 우리 자신의 온전함의 발전을 위해 많은 열매를 맺는 것이어야 한다.[75] 선택은 우리가 하나님의 더 큰 영광을 위해 살 수 있는 우리만의 구체적이고 독특한 방법을 발견하는 것이다. 그러므로 선택은 그리스도의 삶과 일, 즉 하나님의 더 큰 영광에 더 많이 참여하기 위한 우리의 구체적이고 독특한 소명을 찾는 것이다.

---

75. Longridge, 126, 133.

둘째, 하나님의 영광은 선택하는 방법의 내적 구조와도 관련이 있다. 하나님의 영광이 선택을 향한 우리의 유일한 의도이자 목적이기 때문에, 삶의 성소를 고른다거나 다른 어떤 문제에서든, 선택은 신성한 부르심에 대한 개인적인 사랑의 응답으로 정의될 수 있다. 이 신성한 부르심은 항상 우리를 향한 하나님의 더 큰 영광을 바라는 신성한 사랑에서 비롯되며, 선택의 구체적인 상황에 처한 개인에게 전달된다. 신성한 부르심에 대한 우리의 사랑의 응답은 우리가 처한 모든 상황에서 하나님의 더 큰 영광을 위한 것이 무엇이든 찾아서 선택하는 것으로 표현된다.[76]

우리의 구체적인 상황에서 무엇이 하나님의 영광에 더 도움이 되는지를 어떻게 찾을 수 있느냐는 질문이 제기될 수 있다. 이냐시오는 '영분별을 위한 규칙'에서 이 질문에 답한다. 여기서 이냐시오는 개인의 도덕적 결정이 단순히 일반적인 윤리적 규범 원칙의 한 사례가 아니라고 전제한다. 그에게 있어서는 일반적인 규범 원리만으로는 유추할 수 없는, 하나님의 구체적이고 특별한 뜻이 알려질 수 있었다. 이 지점에 이르러서야 신학을 위한 영신 수련의 온전한 중요성이 분명해진다.[77]

'영분별을 위한 규칙'은 하나님의 개별적인 뜻을 발견하는 최초의 공식적이고 체계적인 방법이다. 이냐시오에게 충동 자체가 도덕적으로 선한지는 중요하지 않다. 중요한 것은 충동의 근원을 인식하는 것이다. 그 기원을 인식해야만 도덕적 가치에 대한 문제가 해결될 수 있다. 그

---

76. Jules J. Toner, Discerning God's Will: Ignatius of Loyola's Teaching on Christian Decision Making (St. Louis: Institute of Jesuit Source, 1991), 30.

77. Karl Rahner, "The Logic of Concrete Individual Knowledge in Ignatius Loyola", in The Dynamic Element in the Church, trans. W. J. O'Hara (Montreal: Palm Publisher, 1964), 115.

에게는 그 근원이 틀림없이 하나님인 신성한 운동이 있다. 이 첫 번째 종류의 신성한 경험의 도움으로, 다른 충동들이 하나님에게서 비롯된 것인지 아닌지에 대해 조사해야 한다. 이 첫 번째 종류의 신성한 경험이 조사의 출발점이자 기준이 된다.[78]

칼 라너는 이유(causa)를 "현재 의식적으로 존재하고 위로가 되는 위안의 객관적 근거"라고 생각한다.[79] 위안이란 평화, 기쁨, 평온 등과 같은 "대상을 따르는 내적 마음의 틀"을 의미한다.[80] 한편, 그 대상은 이해와 의지가 자신의 위안을 이끌어내는 어떤 것이다. 따라서 선행 원인이 없는 위안(=CSCP, consolation without previous cause)은 "개념적 대상이 없는 위안"을 의미한다.[81] 하나님은 우리 앞이나 우리 안에서 대상으로 경험되지만, 동시에 "초월적 지평으로서, 근본적인 근거로서, 보고 알려진 모든 것에 현실성과 명료성을 부여하는 존재"로서 존재한다.[82] 따라서 칼 라너는 CSCP를 "하나님의 사랑에 완전히 이끌려 들어가는 비개념적인 하나님의 경험"으로 간주한다.[83] CSCP의 경험에서 어떠한 대상이든지 오직 "그 존재의 근거를 가진 전인격이 사랑 안으로, 어떤 한정된 대상을 넘어서 신성한 위엄(divina majestad)으로서의 하나님의 무한

---

78. Ibid., 117-131.

79. Ibid., 132.

80. Ibid., 133.

81. Ibid., 133.

82. Avery Dulles, "The Ignatian Experience as Reflected in the Spiritual Theology of Karl Rahner", in Jesuit Spirit in a Time of Change, eds. Raymond A. Schroth, James P. Jurich, Patrick H. Samway, Robert C. Collins, Richard A. Blake (Westminster: Newman Press, 1968), 27.

83. K. Rahner, "The Logic of Concrete Individual Knowledge in Ignatius Loyola", 135.

성 안으로 이끌리는 것"을 제외하고서는 그 무엇이[84] 완전히 부재한다. 이런 의미에서 CSCP의 경험은 하나님의 은혜로운 초자연적 자기 소통에 의해 생성되는 순수한 초월의 경험이다.[85] 이 순수한 초월에서 영혼은 하나님만을 온전히 받아들이고 하나님의 임재, 즉 하나님의 영광을 경험하게 된다.

CSCP는 신에 대한 개념이 아니라, 신 그 자체에 관심이 있다. 그것은 신격 그 자체에 대한 즉각적인 경험이다. 그것은 우리 전인격이 하나님의 영광과 위엄 안으로 끌어당겨지는 경험이다. 하나님에 대한 이러한 즉각적인 체험은 이냐시오가 만레사, 특히 카르도넬 강변에서 경험한 신비체험에서 찾아볼 수 있다. 이냐시오가 카르도넬 강에서 경험한 하나님에 대한 직접적인 체험은 그의 지성을 앎으로 가득 채웠다. 이냐시오의 영혼은 하나님의 신성한 위엄과 선하심에 압도당했다.[86] CSCP는 우리 전인격이 하나님의 신성한 위엄과 선하심, 즉 하나님의 영광에 이끌릴 때 느끼는 감정이다.[87] 이냐시오는 다른 위안의 진위를 가늠하는 시금석인 CSCP를 깊이 체험했다.

이냐시오가 만레사에서 경험한 CSCP, 특히 카르도넬의 경험은 '영

---

84. Ibid., 133.

85. Ibid., 135.

86. Jean Danielou, The Ignatian Vision of the Universe and of Man (Jersey City: Program to Adapt the Spiritual Exercises, 1972), 358. 또한 Elmer O'Brien, St. Ignatius Loyola His Mystic Experiences (Jersey City: Program to Promote the Spiritual Exercise), 249를 보라.

87. 아루페(Arrupe)는 카르도넬의 조명을 바울에게 다메섹이, 모세에게 불타는 떨기나무가 그랬던 것처럼 이냐시오에게도 같은 의미의 신비한 신의 출현으로 묘사한다. Pedro Arrupe, "The Trinitarian Inspiration of the Ignatian Charism", Acta Romana Societatis Iesu XVIII (1980): 122를 보라.

분별을 위한 규칙'을 형성하는 데 필수적인 공헌을 했다. 이냐시오는 만레사에서 신비로운 체험을 하기 전에 이미 영적 위안와 실망을 경험한 적이 있었다(『자서전』 [8]). 그러나 이것은 이해와 의지의 행동에 의해 중재되는, 신비체험 이전의 경험이라 말할 수 있다.[88] 카르도넬에서 깨달음을 얻기 전까지 그에게 부족했던 것은 위안이 아니라 하나님에 대한 직접적인 경험을 통해 얻은 더 깊은 이해였다. 이냐시오가 이미 분별에 대한 지식을 어느 정도 얻었던 상태였지만, 그의 전체 경험과 관련하여 분별의 원리를 얻은 것은 카르도넬에서의 조명을 통해 결정적으로 이루어졌다.[89] 이냐시오는 영적 삶에서 위안과 실망의 의미, 그 사용과 최종성(finality)을 이해함으로써 하나님의 더 큰 영광을 구하는 방법과 모든 것에서 하나님을 발견하는 방법을 아는 사람이 되었다. 다시 말해, 그는 "모든 것을 창조주께로 이끄시는 하나님의 계획에 가장 잘 협력할 수 있는 것을 찾고 발견하기 위해 성찰할 수 있는" 능력을 가진 새로운 사람이 되었다.[90] 따라서 이냐시오는 수련자가 하나님의 더 큰 영광 외에는 아무것도 원하지 않는 새로운 사람으로 변화되기를 원할 뿐만 아니라, 하나님의 더 큰 영광을 구하고 모든 것에서 하나님을 찾는 방법론을 제공하고자 했다.

88. Adolf Haas, "The Foundation of Ignatian Mysticism in Loyola and Manresa", Centrum Ignatianum Spiritualitatis 39-40 (1982): 158-159.

89. Silos, "Cardoner in the Life of Saint Ignatius of Loyola", 18-20.

90. Pedro Arrupe, "The Trinitarian Inspiration of the Ignatian Charism", 123.

E. 그리스도의 파스카 신비: 십자가의 길과 하나님의 영광

둘째 주간에는, 수련자가 하나님의 더 큰 영광을 위해 살기 위한 자신의 구체적이고 고유한 소명을 발견하고, 하나님의 영광을 위한 방법론을 이해하며, 십자가에 달리신 그리스도와의 친밀한 인격적 관계로 성장하여, 그분과 함께 일함으로써 하나님 아버지의 영광에 함께 들어가도록 초대받는다. 이냐시오는 셋째 주간과 넷째 주간에 그리스도의 구원 사역의 주요 사건, 즉 그리스도의 수난과 십자가에서의 죽음, 부활을 그리스도의 파스카 신비라고도 부른다.

1. 파스카 신비의 목적

마지막 두 주간에 제시되는 파스카 신비의 목적은 무엇인가? 이 마지막 두 주간의 목적은, 먼저 그리스도의 고난과 그분의 영광 안에서, 그리스도의 파스카 신비에 참여함으로써 그리스도와 연합하는 것에 있다.[91] 이 연합에는 수련자의 선택에 대한 확인과 그리스도와의 친밀한 관계에 대한 시험이 포함된다. 아이븐스(Ivens)가 올바르게 말했듯이,

---

91. 마지막 두 주간, 특히 셋째 주간의 목적에 대해 선택론자(electionists)와 완전론자(perfectionists) 사이에 논란이 있었다. 전자는 그것을 둘째 주에 이루어진 선택의 확증으로 이해하는 반면, 후자는 그리스도와의 연합으로 이해한다. 이 문제와 관련하여 오늘날 이 두 그룹의 의견은 한 곳으로 모이는 경향이 있다. 나는 셋째 주의 목적에 대한 아이븐스(Ivens)의 이해에 동의한다. 그는 긍휼과 선택의 확신을 통합하려고 노력한다. Ivens, Understanding of the Spiritual Exercises, 146-148. See also John English, Spiritual Freedom, 232; Herbert F. Smith, Theology of Week Three of the Spiritual Exercises. Jersey City: Program to Promote the Spiriutal Exercises, n.d., 15; A. Ambruzzi, "The Third Week of the Exercises and the Unitive Way", Woodstock Letters 50 (1921): 166.

긍휼(compassion)을 통한 연합의 은총은 선택을 확증하는 은총과 밀접한 관련이 있다. 그러나 확증은 선택을 확인하는 것이 아니라 그리스도와의 신비로운 연합을 전제로 하는 그리스도 자신의 행동에 의해 수련자를 강화하기 위한 것이다.[92] 이냐시오에게 있어서, 십자가에 못 박히신 그리스도를 진정으로 따르고 사랑하려면 반드시 십자가가 수반되어야 하기 때문에, 이 파스카 신비 안에서 수련자의 친밀한 관계도 시험 받는다. 그리스도와 함께 십자가의 죽음으로 내려가는 것은 사랑 없이는 실현될 수 없다. 연합은 서로 자신을 비우는 사랑의 형태로만 존재할 수 있다.

이냐시오는 수련자로 하여금 파스카의 신비에 그리스도와 함께 참여하여 "고통받는 그리스도와 함께 고통을"[203], 기쁨과 영광 속에서 그리스도와 함께 "한없이 기뻐"[221]하도록 초대한다. 이런 의미에서 셋째 주에 요청되는 은총은 외적인 것이 아니라 보다 즉각적으로 참여하는 긍휼이다.[93] 즉, 예수님의 고통에 대한 연민은 "수난에 대한 개인적인 경험에 초점을 맞추지 않고 예수님의 관점으로 들어가서 예수님의 선택, 고뇌, 진리, 바람, 외로움, 하나님의 부재에 대한 감각을 기꺼이 공유하는 것"을 의미한다.[94] 예수님의 수난에 연민을 가지고 즉각적으로 참여하는 것은 수련자가 십자가에 못 박히신 그리스도와 긴밀한

---

92. Ivens, Understanding of the Spiritual Exercises, 147-148.

93. 1599년의 공식 안내 책자에는 연민과 함께 목표로 삼아야 할 다른 애정들, 즉 죄에 대한 증오, 하나님의 선하심에 대한 깨달음, 소망의 강화, 하나님에 대한 사랑, 그리스도를 본받기 위한 열정, 영혼에 대한 열정이 나열되어 있다. Palmer, 341-342를 보라.

94. Katherine Dyckman, Mary Garvin, and Elizabeth Liebert, The Spiritual Exercises Reclaimed (New York: Paulist, 2001), 215.

연합을 경험하고 형성하는 데 도움이 되며, 이는 이냐시오가 라 스토르타(La Storta)에서 경험했던, 십자가에 못 박히신 그리스도와의 신비로운 연합을 반영한 것이다.

그리스도의 파스카 신비의 목적은 하나님의 영광과 어떤 관련이 있는가? 십자가에 못 박히고 부활하신 그리스도와의 긴밀한 연합이라는 목적은 수련자를 만물 안에서 하나님을 발견할 수 있는, 즉 하나님의 영광 앞에서 만물을 볼 수 있는 새로운 사람으로 변화시키는 것과 깊은 관련이 있다. 이냐시오는 어떻게 수련자를 그러한 변화로 인도하는가? 이냐시오에게 파스카 신비는 단지 과거의 사건이 아니라, "하나님의 영원한 현재, 오늘날"에 일어난 사건이다.[95] 따라서, 앞서 언급했듯이 이냐시오는 신자들이 파스카 신비를 묵상하는 것이 아니라 지금 여기에서 그 신비에 참여하기를 원한다. 그러한 참여는 "우리 주 그리스도께서 태어난 순간부터 현재 내가 하고 있는 수난의 신비에 이르기까지 겪으신 그분의 노고와 번민, 고통을 자주 기억"[206]하는 것을 의미한다. 즉, "십자가에 못 박히신 그리스도와 마음의 친교에 들어가는 것"이다.[96] 이것이 바로 길 곤잘레스 다빌라(Gil González Dávila)가 자신의 지침서에서 "우리는 주님의 가장 거룩한 수난의 폭풍 한가운데서 주님의 마

---

95. Peter-Hans Kolvenbach, "The Passion according to St. Ignatius", 10. 콜벤바흐에 따르면, 수난에 대한 이냐시오의 시간적 접근은 "수난 자체가 하나님의 영원한 현재, 즉 오늘이라는 연대기적 틀 밖에서 일어난다는 것을 의미한다"고 말한다. 또한 이냐시오는 그리스도의 수난 신비에 대한 신자들의 적극적인 참여를 강조하기 위해 수난에 관한 신비를 이야기할 때 현재 시제를 사용하며, 제2주간에 "마치 내가 있는 것처럼"이 아니라 "그 안에서 나 자신을 발견하는 수난의 신비"를 선택한다. Paul Coutinho, Ignatian Ideal and Jesuit Reality (Anand: Gujarat Sahitya Pralash, 1999), 206.

96. Iparraguirre, A Key to the Study of the Spiritual Exercises, 92.

음을 바라본다"라고 말하는 이유이다. 이러한 마음의 친교를 통해 우리
는 "나의 사랑은 십자가에 못 박혔습니다"[97]라고 말할 뿐만 아니라, 바
울이 말한 것처럼 "나는 그리스도와 함께 십자가에 못 박혔습니다"라
고 진정으로 말할 수 있게 된다.[98]

그리스도와 함께 파스카 신비에 참여함으로써 수련자는 삶으로부터
죽음을 통하여 새 생명에 이르는 그 역동성을 경험한다. 바울과 마찬
가지로, 이냐시오에게 그리스도와 함께 자신을 십자가에 못 박는다는
것은 "정욕과 욕망을 지닌 육체"를 십자가에 못 박는다는 것을 의미한
다.[99] 즉, 그리스도와 함께 자신을 십자가에 못 박은 사람은 모든 피조
물에 대한 과도한 집착도 모두 십자가에 못 박은 것이다. 앞서 지적했듯
이, 이냐시오에게 십자가는 결국 헛된 영광이나 자기 영광이 죽는 곳이
다. 그 결과, 그러한 사람은 고요한 초연과 경건한 사랑을 얻을 수 있으
며, 따라서 모든 것, 특히 그리스도의 사명을 위해 그리스도와 함께 고
난을 겪는 가운데 하나님을 찾을 수 있다.[100] 그 사람은 모든 피조물에
서 오직 하나님의 영광만을 구하고, 십자가의 어리석음을 진정한 기쁨
과 하나님의 영광의 원천으로 여기는 하나님 중심의 자아로 변화한다.[101]

---

97. Gil González Dávila, "Directory of Gil González Dávila", in Palmer, 263.

98. 갈 2:19.

99. 갈 5:24.

100. Hugo Rahner, Ignatius the Theologian, 18-31. 아이븐스는 또한 연민이 모든 것에서 하나
     님을 찾는 데 필수적이라고 정확하게 지적한다. 그는 "[연민은] 수난의 모든 의미와 그에 대
     한 모든 반응의 성질에 대한 인식을 변화시키며, 사도들을 통해 그리스도께서 세상에서 교
     회의 선교를 위해 계속 일하고 고통받으시는 행동에서의 관상적 일치의 열쇠이다"라고 썼
     다. Ivens, Understanding the Spiritual Exercises, 147.

101. Karl Rahner, "The Ignatian Mysticism of Joy in the World", in Theological Investigation
     Vol. III, trans. Karl-H and Boniface Kruger (Baltimore: Helicon Press, 1967), 293.

2. 파스카 신비의 내용

하나님의 영광은 제삼 주간에 명시적으로 언급되지 않지만, 제삼 주
간의 내용에는 깊이 내재되어 있다. 우선, 왕국 운동에서 처음 나타난
노동과 영광의 원리는 그리스도의 파스카 신비에서 절정에 이른다. 셋
째 주간의 다섯 번째 요점과 넷째 주의 네 번째 요점은 노동 또는 고통
과 영광의 원리를 명확하게 표현한다. 전자의 경우, 이냐시오는 "어떻
게 신성이 감추어지는지, 즉 당신의 적들을 없애 버릴 수 있으면서도 그
렇게 하지 않으시고 지극히 거룩한 인성이 그토록 혹독하게 고통받게
두시는지"[196]를 고려하도록 신자들을 초대한다. 여기서 이냐시오는
그리스도의 자기 비움을 강조한다. 이냐시오에게, 십자가의 죽음에 이
르는 하나님의 케노시스(kenosis)는 패배가 아니라, 왕국 수련에서 수련자
역시 부름을 받은 일의 절정이다.[102] 그리스도의 케노시스에 참여하면
서 수련자는 그리스도가 "이 모든 일을 당하시는 것이 내 죄로 인한 것
임을 생각하고, 나는 그분을 위해서 무엇을 해야 하고 어떤 고통을 겪
어야 할지를 생각"[197]해야 한다는 사실을 고려해야 한다. 즉, 수련자
는 동일한 케노시스의 방식으로 그리스도의 사명에 대한 부르심에 응
답해야 한다. 이냐시오에게, "그리스도와 함께 고난을 받는 것보다 그
를 위한 더 큰 일은 있을 수 없다."[103] 이 시점에서 이냐시오는 수련자
에게 "부활이나 천상의 영광처럼 선하고 거룩한 것일지라도, 즐거움을

---

102. David M. Stanley, The Call to Discipleship: The Spiritual Exercises with the Gospel of St.
     Mark (Osterley: The Way, 1982), 142.

103. Hugo Rahner, Ignatius the Theologian, 131.

주는 생각들은 하지 않도록" 조언한다[206]. 수련자는 십자가의 고통을 뛰어넘어, 부활의 기쁨과 영광으로 바로 들어가서는 안 된다. 이냐시오에게 일이나 고통, 그리고 영광은 분리될 수 없으며, 즉 십자가를 지지 않고서는 하나님의 영광을 얻을 수 없다. 따라서 그리스도인은 "성공을 불신하고, 죽음의 암시 없이 너무 쉽게 오는 모든 경험을 의심"해야 한다.[104] 십자가 없는 영광은 하나님의 영광이 아니라 헛된 영광이다. 이냐시오가 만레사에서 뱀의 본질을 분별하면서 깨달았듯이, 십자가의 길은 진정한 영광의 원천일 뿐만 아니라 하나님의 영광과 헛된 영광을 구별하는 진정한 방법론으로서 유효하다.

둘째, 이냐시오는 수련자가 "우리 주 그리스도께서 태어난 순간부터 수난의 신비에 이르기까지 겪으신 노고와 번민, 고통"[206]을 자주 떠올려야 한다고 권고한다. 이것은 이냐시오에게 십자가의 의미가 단지 우연적 비극이 아니라 "그의 전 생애와 사명의 결과"임을 분명히 보여준다.[105] 다시 말해, 이냐시오는 그리스도의 자기 비움의 전 생애를 십자가를 향한 여정으로 보며, 십자가를 그리스도의 구원 사역의 절정으로 이해한다. 따라서 십자가는 하나님의 본성과 세상의 본성이 온전히 드러나는 특권적인 장소인 것이다. 십자가의 어리석음은 죄 많은 세상을 향한 하나님의 사랑이다. 칼 라너는 "이 십자가는 죄의 계시와 하나님 사랑의 계시가 되며, 이 두 가지의 일치가 바로 세상을 죽음과 죄로부

---

104. Karl Rahner, <u>The Priesthood</u>, 229.
105. Philip Sheldrake, "Theology of the Cross and the Third Week", <u>The Way Supplement</u> 58 (Spring 1987): 31.

터 구속하는 것"이라고 정확하게 지적한다.[106] 즉, 십자가는 하나님 영광의 우주적 운동이 죄의 우주적 운동과 만나서 그것을 격퇴하는 곳이며, 하나님의 영광이 온전히 빛나는 곳이다. 따라서 이냐시오에게, "전능하신 하나님의 영광이 드러나는 것은 케노시스의 무력함 속에"[107] 있으며, "십자가의 어리석음은 곧 하나님의 영광"이 된다.[108]

셋째로, 세 번째 주간의 초점은 고난 자체가 아니라 고난을 당하는 그리스도에게 있다[195]. 다빌라의 지침서에 명시된 대로, "우리는 주님의 가장 거룩한 수난의 폭풍 한가운데서 주님의 마음을 바라본다."[109] 이냐시오는 동떨어진 고난이나 십자가 중 하나를 선택하라고 수련자에게 권유하지 않고, 십자가에 못 박히신 그리스도를 선택하라고 권유한다. 이냐시오의 고난 선택은 그리스도의 사명과 하나님의 영광, 이 둘과 항상 연관되어 있다. 이냐시오에게 고난의 선택은 하나님의 영광에 의해 규제되어야 한다.[110]

고통 자체에 초점을 두는 것이 아니라 고통받는 그리스도에 초점을 맞추고 고통의 선택이 하나님의 영광에 의해 규제되어야 한다는 사실

---

106. K. Rahner, The Priesthood, 235.

107. Peter-Hans Kolvenbach, "The Passion according to St. Ignatius", 16.

108. Peter-Hans Kolvenbach, "Fools for Christ's Sake", 28.

109. Gil González Dávila, "Directory of Gil González Dávila", in Palmer, 263.

110. 이냐시오는 세 번째 방식의 겸손에서 "하나님께 찬미와 영광을 드림에 있어서 차이가 없는 경우에 우리 주 그리스도를 지금 여기에서 더욱 본받고 닮기 위해서 가난한 그리스도와 함께 부유함보다는 가난을, 한없이 업신여김을 당한 그리스도와 함께 명예보다는 업신여김을 당하기를 원하고 선택하며, 이 세상에서 지혜롭고 현명하게 여겨지기보다는 나보다 앞서 쓸모없고 미친 사람으로 여겨진 그리스도를 위해 나도 그렇게 여겨지기를 더 바라는 것이다"[167]라고 기록한다. 여기서 이냐시오는 세 번째 겸손을 선택하는 근거로 "하나님께 찬미와 영광"을 제시하고, 그 선택의 목적으로 그리스도를 본받는 것을 제시한다.

은, 소위 희생제물 신비주의와 하층 계급이나 여성의 희생에 대한 정당화라는 두 가지 주요 위험으로부터 우리를 구할 수 있다. 한편으로, 희생제물 신비주의자들은 사도적 봉사와는 무관하게 그리스도의 어리석음을 자신의 삶에 구현하려고 노력한다. 그러나 이냐시오의 신비주의는 아버지 하나님의 영광을 위해 십자가의 깃발 아래서 사도적 봉사를 하는 신비주의이다. 이냐시오에게 하나님의 영광과 사도적 봉사는 십자가의 신비주의를 증명한다. 하비 이건(Harvey Egan)은 이냐시오의 십자가 신비주의를 이렇게 잘 요약한다:

> 이냐시오는 십자가에 못 박힌 그리스도를 본받기 위해 희생제물 신비주의자들이 한 것처럼 직접적으로 고통과 고난 등을 추구하는 일을 하지 않았다. 또한 그의 신비로운 삶은 그리스도의 고통에 대한 모방을 강조하기 위해 수동적인 고통에 그 초점을 명시적으로 맞추지 않았다. 무엇보다도, 그는 하나님의 뜻을 구하고 광범위한 사도적 봉사를 통해 그 뜻을 실천하려고 노력했다. 그는 그리스도를 위해 자신의 재능을 개발하고, 사회 정의를 증진하고, 세상을 인도적으로 만들며, 구속의 전 세계적 사업을 수행하는 과정에서 겪은 좌절, 즉 봉사의 십자가를 받아들였다. 아버지께서는 이냐시오를 *십자가를 지신* 그리스도와 함께 *섬기*도록 배치하셨다.[111]

한편, 억압받는 사람들과 여성들을 그들의 낮은 지위에 계속 묶어두기 위해, 지배자들은 때때로 십자가를 오용하기도 하였다. 이 경우 십자가는 생명과 해방을 상징하는 것이 아니라 지배와 억압을 상징한다. 그러

---

111. Harvey D. Egan, <u>Ignatius Loyola the Mystic</u>, 140.

나 이냐시오는 십자가의 고난과 어리석음의 선택이 항상 하나님의 영광에 의해 규제되어야 하기 때문에, 십자가는 지배와 억압에 사용될 수 없다고 말한다. 앞서 지적한 바와 같이, 하나님의 영광은 인간이 온전히 살아가는 하나님 나라를 건설하기 위해 그리스도와 협력하는 데서 나타난다. 이런 의미에서 하나님의 영광에 대한 이냐시오의 개념은 이레네우스(Irenaeus)의 *Gloria Dei vivens homo* 개념이 의미하는 바를 포용한다. 엘리자베스 존슨(Elizabeth Johnson)은 이렇게 썼다:

> 이냐시오의 공리 *ad maiorem Dei gloriam*(하나님의 더 큰 영광을 위하여)는 *Gloria Dei vivens homo*(하나님의 영광은 인간의 생명의 약동함에 있다)라는 성서적, 교부적 통찰력 안에서 오늘날 영성을 위한 자원으로 올바르게 해석된다. 이러한 관점은 『영신수련』과 다른 이냐시오의 저술에 내포되어 있다. 우리가 하는 모든 일은 하나님의 사랑받는 피조물인 *인간*을 파괴하는 것에 저항하고, 하나님이 사랑하시는 세상의 모든 차원을 치유하고 구속하고 해방하는 것을 육성함으로써 하나님께 영광을 돌리는 데 목적이 있어야 한다.[112]

결과적으로, 하나님의 영광은 억압받는 자나 여성에 대한 차별에 저항할 때 빛을 발하기 때문에, 십자가의 고통이나 어리석음을 선택하는 것이 하나님의 영광에 의해 규제되어야 한다는 이냐시오의 생각은 십자가의 표징이 그들에 대한 차별을 정당화하는 데 오용되는 것을 막

---

112. Elizabeth A. Johnson, "The Greater Glory of God: Woman Fully Alive", in A Spirituality for Contemporary Life, ed. David L. Fleming (St. Louis: Review for Religious, 1991), 68.

을 수 있다.

셋째 주간의 목적이 십자가에 못 박히신 그리스도와 그분의 고난 안에서 연합하는 것이라면, 넷째 주간의 목적은 부활하신 그리스도의 기쁨과 영광 안에서 그분과 연합하는 것이다. 성서에서와 마찬가지로, 이냐시오에게 그리스도의 죽음과 부활의 파스카 신비는 비록 이냐시오가 그것을 셋째 주와 넷째 주로 나누었다 할지라도 서로 분리할 수 없다. 셋째 주와 넷째 주를 하나로 묶는 이냐시오의 해석학적 장치는 그리스도의 신성이다.[113] 셋째 주에는 "신성이 감추어"[196]지고, 넷째 주에는 신성이 나타나서 자신을 드러낸다[223]. 이 신성은 제삼 주간에도 제거되지 않고 숨겨져 있다. 신성이 나타나서 자신을 드러낼 때, 우리 주 그리스도의 큰 기쁨과 영광이 빛난다[221]. 신성의 현현은 하나님의 영광의 현현이다. 이냐시오는 넷째 주에, 부활하신 그리스도의 모습이나 현현에 특별한 주의를 기울인다. 따라서 이냐시오는 왕국 수련에서 이미 "내 아버지의 영광"으로 언급된 영광의 계시에 중점을 둔다.[114] 부활하신 그리스도는 하나님의 영광을 온전히 나타낸다.

이냐시오는 부활하신 그리스도의 큰 기쁨과 영광에 참여하도록 수련자를 초대한다: "여기서는 우리 주 그리스도께서 누리시는 그 큰 영광과 기쁨에 힘입어 나도 한없이 기뻐하고 즐거워하는 은총을 청하는 것이다"[221]. 우리 주 그리스도의 이러한 큰 기쁨과 영광은 그리스도만의 것이 아니다. 그리스도께서 약속하신 대로, 우리는 그리스도의 사명

---

113. Howard J. Gray, "Joy and Friendship in the Fourth Week", The Way Supplement 99 (2000): 18.

114. Hugo Rahner, Ignatius the Theologian, 133.

에 대한 부르심을 받아들이고 모든 피조물을 아버지 하나님께로 되돌려 드리기 위해, 그리스도와 함께 일하고 고난을 겪은 그리스도의 동반자로서 그리스도를 통해 그러한 기쁨과 영광을 함께 나눈다. 그리스도의 이러한 부활의 기쁨과 영광에 우리가 참여할 수 있는 것은 그리스도가 우리와 인성을 공유함으로써 우리와 연합하셨기 때문이다.[115] 이냐시오에게 인류의 희망은 부활하신 그리스도의 기쁨과 영광에 있다. 그 결과, 넷째 주에 우리는 그리스도의 파스카 신비를 통해 이냐시오의 일과 영광의 원리, 하나님 영광의 구원 운동의 절정을 볼 수 있다.

F. 하나님의 사랑을 얻기 위한 관상(contemplation): 모든 것 안에서 하나님을 발견하기

'하나님의 사랑을 얻기 위한 관상'은 다양한 갈래로, 때로는 모순적인 방식으로 해석되어 왔다. 이 문제는 "이것이 신앙 발달의 어느 단계에서나 똑같이 실행 가능한 기도의 방법인가, 아니면 하나님과의 사랑의 연합으로 나아가는 진화에 그 효능을 의존하는 영신수련의 종합인가?"라는 질문과 밀접하게 연관되어 있다.[116] 더 일반적이고 전통적인 의견은 그것을 넷째 주에 적합한 통합적 방법과 연관시키는 것

---

115. Howard J. Gray, "Joy and Friendship in the Fourth Week", 19.
116. Michael Buckley, "The Contemplation to Attain Love", <u>The Way Supplement</u> 24 (1975): 94.

이다.[117]

'원리와 기초'의 경우와 마찬가지로 '하나님의 사랑을 얻기 위한 관상'도 통합의 방법에 연관시키는 것이 더 적절하다. "이냐시오가 영신수련을 끝맺을 때, '원리와 기초'의 〈하나님을 찬양하고 경외하며 섬기는 것〉은 〈사랑을 얻기 위한 관상〉이 되었다."[118] 후자는 전자에서 시작된 과정을 완성하는 순환의 끝이다. 부비에(Bouvier)는 이렇게 썼다:

> '원리와 기초'는 성 이냐시오의 모든 영성을 지배하는 원리가 명시된 서론이며; '사랑을 얻기 위한 관상'은 이 영적 구조를 마무리하는 결론으로, 4주 동안 설명된 모든 가르침이 요약되어 하나님의 사랑을 향해 설득되는 종합이다.[119]

그들은 서로를 성취하고 함께 침투한다. 따라서 그들의 주제는 자비(caritas)의 사랑이 아닌 애정(amor)의 사랑이라는 점에서 동일하다. 칼 라너는 이렇게 적는다:

---

117. 이러한 의견은 나달, 폴랑코, 곤잘레스 다빌라, 1591년과 1599년의 디렉토리움 그라나텐세(*Directorium Granatense*)에 의해 뒷받침된다. Cusson, Biblical Theology and the Spiritual Exercise, 314를 보라. 현대 학자들 중에는 이파라기레와 칼 라너가 이 그룹에 속한다. 이파라기레는 이 관상을 "고도로 응축된 형태로서 영성수련의 핵심"이라고 생각한다. Iparraguirre, A Key to the Study of the Spiritual Exercises, 102를 보라. 라너는 또한 이 관상이 "모든 묵상에 존재하며, 그 자체로 영성수련 전체를 포함한다"고 믿는다. Karl Rahner, Spiritual Exercises, 270.

118. Pedro Arrupe, "Rooted and Grounded in Love", Acta Romana Societatis Iesu XVIII (1981): 473.

119. Bouvier, The Authentic Interpretation of the Foundation in the Spiritual Exercises of St. Ignatius, 54.

그것들은 일부가 아니라 전체이며, 전체에 대한 두 가지 버전이다: 처음에는 전체에 대한 일종의 미리보기이고, 사랑에 대한 묵상에서는 영신수련의 실제 순서를 통해 제시된 전체이다. 그래서 그들의 진정한 주제는 그때까지 조심스럽게 회피되었던 사랑의 이름이라는 최종적이고 결정적인 이름으로 설명될 수 있다.[120]

두 버전의 차이는 단지 그들의 초점에 있다. '원리와 기초'의 초점은, 우리의 진정한 행복의 근원인 하나님의 영광을 위해 인간을 창조하신 하나님의 행위에 드러난 그분의 인간에 대한 사랑을 수련자들에게 상기시키는 것이다. 한편, '사랑을 얻기 위한 관상'은 하나님의 더 큰 영광을 위해 하나님과 함께 일하는 데에 있어서 하나님에 대한 우리의 상응하는 사랑을 이끌어내는 데 초점을 맞추고 있다. 이냐시오가 여기서 말하는 사랑은 하나님과 그리스도께 순복하는 사랑이다.[121] 이런 의미에서 '사랑을 얻기 위한 관상'은 하나님의 내재성에 더 근거를 두고 있고, '원리와 기초'는 하나님의 초월성에 더 근거를 두고 있다. 따라서 '하나님의 사랑을 얻기 위한 관상'은 우리에게 '행동하는 관상'을 실천할 수 있는 실제적인 방법을 제시한다. 즉, 이 관상에서 이냐시오는 바울이 고린도 교인들에게 "먹든지 마시든지 무엇을 하든지 다 하나님의 영광을 위하여 하라"라고 촉구한 것을 일상의 모든 행동에서 실천할 수 있는 간단한 형태로 제시한다.[122]

---

120. Karl Rahner, The Priesthood, 265-266.

121. Karl Rahner, Spiritual Exercises, 271.

122. 고전 10:31. John A. Hardon, All My Liberty: Theology of the Spiritual Exercises (Westminster: Newman Press, 1959), 71.

이 관상은 두 가지를 상정하며 시작한다[230-231]. 첫 번째는 "사랑은 말보다 행동으로 나타나야 한다"는 것이다[230]. 이 상정은 이냐시오가 『영신수련』에서 '사랑'이라는 단어를 자주 사용하지 않는 이유를 암시하는 듯하다. 『영신수련』에 나오는 사랑의 교육법은 구약의 계시에 나오는 사랑의 교육법과 일치한다. 아루페(Arrupe)는 다음과 같이 쓴다:

> 이냐시오는 수련자들에게 하나님의 사랑, 즉 그분 외아들의 굴복과 선물로 절정에 이르는 반복적 자기 희생 행위를 통해, 말보다 행동으로 더 많이 드러나는 사랑에 대한 일종의 거부할 수 없는 증거의 압력을 가한다고 말할 수 있다. 이런 식으로 이냐시오는 수련자의 완전한 변화의 과정, 즉 그의 마음의 정화와 정서적 기능의 올바른 정리를 시작하기를 원한다.[123]

예수님의 십자가 죽음은 행동하는 사랑의 최고의 모범이다. 이냐시오는 사랑이 말로도 이루어진다는 사실을 거부하지는 않았지만, 우리 안에 있는 사랑의 외적 표출은, 만약 그 사랑이 진실하다면, 말보다는 무언의 말, 즉 효과적인 행동으로 나타나야 한다고 믿었다. 이런 의미에서 이냐시오의 신비주의는 연합적 사랑의 신비주의라기보다는 사랑에서 우러나오는 섬김의 신비주의로 특징지어진다.[124]

두 번째 상정은 우정의 사랑에 관한 것이다. 여기서 이냐시오는 인

---

123. Arrupe, "Rooted and Grounded in Love", 474.

124. Guibert, The Jesuits, 50.

간에 대한 하나님의 사랑과 하나님에 대한 인간의 사랑을 모두 표현한다. 이 상징을 전자의 의미로 받아들인다면, 무한하신 하나님께서는 인간이 받아들일 수 있는 방식으로만 그분의 무한한 충만함을 주시고 소통하실 수 있다는 뜻이 될 것이다. 후자의 의미로 받아들인다면, 하나님을 사랑하는 인간은 하나님께서 주신 것에 비하면 미미하거나 아무것도 아닐지라도 자신이 가진 것, 적어도 자신이 할 수 있는 것을 하나님께 드릴 준비가 되어 있다는 뜻이 될 것이다.[125] 첫 번째 전주곡은 수련자의 자리(asiento)와, 그 이후에 만물을 보는 새로운 방식에 관한 것이다. 자신의 자리가 높은 곳에 있는 영혼은 모든 피조물의 진정한 실체를 볼 수 있다. 모든 피조물은 은총에 의해 의식이 고양된 영혼 앞에서 명료해진다. 이는 피조물들이 하나님으로부터 유래하는 한에서만 그 영혼에게 보여지기 때문이다. 모든 것은 오직 하나님으로부터 왔으며, 오직 하나님에게만 속해 있다.[126] 그것들은 하나님의 영광을 나타내고 있다.

이 첫 번째 전주곡은 두 번째 전주곡으로 진화한다. 두 번째 전주곡에서 수련자는 사랑의 네 가지 발전적 시기에 대한 은총을 구하며, 각 순간은 자기의 뒤를 따르는 심화된 목적에 이르는 수단이 된다. 따라서 이 두 번째 전주곡은 내적 지식, 감사, 사랑 그리고 봉사 또는 행동이라는 이 네 가지 순간의 연합 안에 있는 관상의 완전한 목표를 드러낸다. 의식의 고양, 즉 새로운 시각을 얻은 후 관상은 하나님의 선하심

---

125. Longridge, The Spiritual Exercises of St. Ignatius of Loyola, 154.

126. Hugo Rahner, Ignatius the Theologian, 6-7.

에 대한 내적 지식을 얻는 것을 목표로 한다. 내적 지식은 우리가 모든 것에서 하나님의 사랑을 받아 왔다는 것을 압도적으로 경험하는 것이다.[127] 이 내적 지식으로부터 감사가 유기적으로 나오게 된다. 감사는 우리가 하나님으로부터 받은 축복을 온전히 인식하는 데서 솟아난다. 이와 관련하여 사용된 스페인어 단어는 '완전히 다시 알다'라는 뜻의 *enteramente reconociendo*이다.[128] 많은 축복에 대해서 '완전히 다시 아는 것'은 수련자의 마음을 감사로 가득 채운다. 감사는 자연스럽게 사랑을 불러일으키고, 사랑은 하나님을 섬기는 그 자체의 성취로 발전한다. 따라서 관상의 목적은 범사에 하나님을 사랑하고 섬길 수 있을 때, 즉 하나님의 영광을 위해 모든 것을 할 수 있을 때 마침내 달성된다.

'하나님의 사랑을 얻기 위한 관상'의 네 가지 요점은 일종의 변증법적 종합으로 영신수련의 주요 가닥을 이어주고, 이 종합은 하나님께서 인간에게 주시는 것과 인간이 주님께 순복하거나 봉헌하는 것으로 구성된다. 첫 주와 마찬가지로, 이 관상의 첫 번째 요점도 창조에서 구속으로 옮겨간다. 하나님은 주로 베푸시는 하나님으로 경험되어야 한다. 이냐시오의 봉헌기도인 'Suscipe(받으소서)'는 하나님의 '내어주심'에 대한 우리의 응답이다.[129] 그것은 주님의 뜻에 대한 사랑의 순복이다. 영신수련의 둘째 주에 하나님께서는 인간으로서 세상에 오신다. 마찬가지로, 두 번째 요점은 하나님께서 피조물 안에 거하시는 방식을 고려

---

127. Buckley, "The Contemplation to Attain Love", 95.

128. Malpan, A Comparative Study of the Bhagavad-Gita and the Spiritual Exercises of Saint Ignatius of Loyola on the Process of Spiritual Liberation, 287.

129. Hardon, All My Liberty, 82.

한다. 우리가 경험해야 할 하나님은 내재하시는 하나님이다. 셋째 주에 수련자는 그리스도와 함께 일하도록 부름을 받는다. 세 번째 요점은 하나님께서 만물 안에서 인간의 구원을 위해 어떻게 일하시고 애쓰시는 지에 초점을 맞추고 있다. 여기서 하나님은 모든 것 안에서 노동하시는 하나님으로 주로 경험되어야 한다. 하나님께서는 자신의 영광 안으로 부름받은 사람들을 위해 온 우주와 함께 항상 일하시는 존재로서, 그리스도를 통해 스스로를 우리에게 드러내신다.[130] 이 세 번째 요점은 분별력과 관상적 사도 생활의 기초가 되기 때문에, 판명하게 이냐시오적 특징이 된다. 넷째 주간은 지상의 예수님께 더 이상 초점을 맞추지 않고, 현재의 주님이시자 그리스도이신 예수님께 초점을 맞춘다. 네 번째 요점에서 '하나님의 사랑을 얻기 위한 관상'은 또한 하나님의 행위를 떠나 그 근원이신 하나님 자신으로 향한다. 나에게 선하신 하나님이 아니라, 본질적으로 선하신 하나님에게 초점을 맞추는 것이다. 그것은 사랑하는 이와 사랑받는 이가 상호소통과 인격적 친교 안에서 하나가 되는 일치이다. 결과적으로 이 관상에서는 모든 것이 마침내 "하나님으로부터 온 선물로서, 거룩한 존재로서, 성스러운 역사로서, 그리고 신성한 현실에의 참여로서" 파악된다.[131]

'하나님의 사랑을 얻기 위한 관상'에서 '하나님의 영광'이라는 단어는 찾을 수 없지만, 이냐시오는 그 단어를 사용하지 않고도 하나님의 영광에 대해 잘 이야기했다. 이냐시오의 주된 관심은 모든 생명체에 깃든

---

130. Cusson, Biblical Theology and the Spiritual Exercises, 318.

131. Buckley, "The Contemplation to Attain Love", 100-104.

하나님과 하나님 안에 있는 모든 생명체를 사랑하고 섬기는 삶의 계획을 제시하는 것이며, 이 사랑과 섬김은 이따금씩만이 아니라 습관적으로 해야 하고, 영구적으로 변화된 마음의 성품으로 해야 하는 것이다.[132] 여기서 이냐시오는 말보다는 행동으로 나타나야 하는 실천적 사랑에 대해 이야기한다. 사랑은 무엇보다도 하나님을 영화롭게 하는 것으로 나타나야 한다. 르 고디에(Le Gaudier)는 "하나님을 영화롭게 하는 것이야 말로 실천적 사랑의 주된 행위이자 실질적인 행위"라고 말한다.[133] 실천적 사랑은 다음과 같은 사랑이다:

> 하나님의 영광을 모든 것 위에 두고, 영원한 구원을 두 번째로 명시적으로 두는 사랑, 피조물을 사용할 때 더 많은 의무에 만족하지 않고 하나님의 더 큰 영광에 도움이 되는 것에 따라 그 사용을 조절하는 사랑, 모든 일에서 하나님의 영광만을 바라보며 하나님의 영광에 더 기여하는 것만을 원하고 소망하는 사랑이다.[134]

봉사는 사랑의 외적인 표현이다. 따라서, 이미 '원리와 기초'에서 언급됐듯이, 하나님을 섬긴다는 것은 하나님의 목적과 계획을 실행한다거나 하나님의 영광을 확장하는 일과 동일시할 수 있다. 이냐시오에게 봉사는 모든 존재가 하나님으로부터 나와서 하나님께로 돌아가는 위대한 순환 운동, 즉 하나님 영광의 위대한 순환 운동이며, 이것은 우리가

---

132. Hardon, <u>All My Liberty</u>, 72.

133. Bouvier, <u>The Authentic Interpretation of the Foundation in the Spiritual Exercises of St. Ignatius</u>, 37에서 재인용.

134. Bouvier, 38.

자유로운 도구로서 하나님의 일에 협력하는 것을 의미한다. 하나님을 사랑하고, 하나님을 섬기고, 하나님께 영광을 돌리는 이 세 가지 공식은 궁극적으로 이냐시오의 영성 안에 통합되어 있다.[135] 이 세 가지 공식은 모두 중보자이신 예수 그리스도 안에서 구체화된다. 그러므로 하나님을 사랑하고 섬긴다는 것은 하나님의 영광과 우주의 구원을 위한 그리스도의 고되고 힘든 사역에 있어서 그를 따르고 그와 함께 일하는 것이다. 하나님의 영광은 하나님의 나라를 위한 그리스도의 일함과 고난에 우리가 참여할 때 빛을 발한다. 다시 말해, 모든 피조물 안에서 하나님을, 또 하나님 안에서 피조물을 일상적으로 사랑하고 섬긴다는 것은 우리가 그리스도의 십자가의 어리석음을 포용하고 공유하는 것을 의미한다. 그리스도의 경우와 같이, 하나님의 영광은 우리가 일상생활에서 그것을 포용하고 나눌 때 가장 온전히 드러난다.

결론적으로, 이냐시오는 영신수련을 통해 하나님의 영광에 초점을 맞춘 만레사에서의 변화와 유사한 경험으로 수련자를 초대한다. '원리와 기초'에서 수련자는 하나님의 영광과 창조의 목적에 비추어 처음으로 자기 인식을 갖고 하나님의 영광을 위해 살고자 하는 최초의 열망을 갖도록 초대받는다. 첫 주에는, 죄와 하나님의 영광이라는 두 가지 반대되는 운동과는 대조적으로, 이냐시오는 수련자가 자신이 구원받고 사랑받는 죄인이라는 깊은 정서적 자기 인식을 갖고 하나님의 자비에 대해 하나님께 감사하며 하나님 영광의 운동에 참여함으로써 그리

---

135. Francis X. Lawlor, "The Doctrine of Grace in the Spiritual Exercises", Theological Studies 3 (1942): 524-525.

스도를 섬기고자 하는 첫 소망을 갖도록 안내한다. 이냐시오는 왕국 수련에서, 죄와 하나님의 영광이라는 두 가지 대립적인 운동을 일별한 수련자가 하나님의 영광 운동의 원리인 '일함과 영광'을 분명히 보고, 그 운동에 개인적으로 참여하라는 그리스도의 부르심을 기꺼이 받아들이도록 초대한다. 이 운동은 열정, 관대함, 사랑으로 그리스도를 따르고자 하는 열망을 자극하여 수련자로 하여금 예수 그리스도의 삶을 관상하도록 격려한다. 선택을 통해 수련자는 하나님의 더 큰 영광을 위해 살기 위한 자신만의 구체적이고 독특한 소명을 발견한다. 영분별을 위한 규칙은 일상생활에서 하나님께 영광을 돌리는 방법론을 수련자에게 제공한다. 이냐시오는 셋째 주와 넷째 주 사순 시기의 신비에서 수련자가 먼저 그리스도의 고통과 그분의 영광 안에서 그리스도와 연합하고, 모든 것 안에서 하나님을 발견하는 데 필수적인 고요한 초연과 경건한 사랑, 즉 하나님의 영광의 임재 안에서 모든 것을 보는 데에 도달하도록 초대한다. 수련자는 십자가에 못 박힌 그리스도를 더욱 사랑하고, 십자가의 길을 하나님의 영광의 길로 더욱 굳게 붙잡게 된다. 마지막으로, 이냐시오는 '하나님의 사랑을 얻기 위한 관상'을 통해 수련자가 영구적으로 변화된 마음의 성품으로 가끔이 아니라 습관적으로 모든 일에서 하나님을 사랑하고 섬기는 새로운 삶을 위한 계획으로 이끈다. 즉, 이냐시오는 바울이 고린도 교인들에게 "모든 것을 하나님의 영광을 위해 하라"고 촉구한 바를 일상에서 실천하는 '새로운 사람'의 출현을 기대한다. 따라서 이냐시오의 전 생애 여정에서와 마찬가지로, 하나님의 (더 큰) 영광은 영신수련의 모든 내적 역동성을 지탱하면서 활기를 불어넣고 있으며, 하나님의 (더 큰) 영광에 대한 이냐시오의 개념은 그의 삶과 『영신수련』의 주제가 되는데, 이것은 바로 이냐시오 영성의 핵심적인 특징이다.

그림 하종순

제5장

로욜라의 이냐시오의
하나님 영광 개념의 독특성

앞서 우리는 하나님의 영광에 대한 이냐시오의 개념과, 그의 신비체험, 그리고『영신수련』을 살펴보았다. 이미 언급된 그의 하나님의 영광에 대한 개념의 특징들은 이번 장 전체에 걸쳐 흩어져 있다. 그 특징들은 여덟 가지로 요약될 수 있다. 첫째로, 이냐시오의 하나님의 영광에 대한 개념은 삼위일체 하나님과의 연합 경험, 즉 삼위일체 하나님의 영광에 대한 직접적인 경험에 의해 처음 형성되었다. 둘째, 하나님의 영광에 대한 이냐시오의 개념은 우주를 향한 삼위일체 하나님의 구원 프로젝트와 또한 깊은 관련이 있다. 하나님의 구원 프로젝트는 삼위일체 하나님의 영광의 순환 운동으로 전개가 되는데, 이것은 하나님으로부터 내려오며, 피조된 모든 것들 안에 거하고, 모든 것을 지탱하며, 모든 것을 아버지 하나님께로 돌려보내기 위해 그것들 안에서 일하는 삼위일체적 순환 운동이다. 셋째, 십자가에 못 박히신 그리스도는 삼위일체 하나님의 영광 운동의 중심에 서 있다. 십자가의 그리스도께서는 하나님의 영광으로 충만하시며, 바로 그 영광을 향한 인류의 중보자가 되신다. 그는 또한 모든 피조물을 아버지 하나님의 영광으로 되돌리기 위해 자신과 함께 일하고 고난받도록 우리를 동반자로 부르시는 영원한 왕이시다. 넷째, 이냐시오의 하나님의 영광 개념은 정적인 것이 아니라 역동적인데, 이는 하나님의 영광이 우리가 그 운동에 참여하는 데에, 즉 세상의 구원을 위해 그리스도와 함께 일하고 고난당하는 데에 있기 때문이다. 구원은 아버지 하나님의 영광 안으로 들어가는 것을 의미한다. 다섯째, 하나님의 (더 큰) 영광은 헌신이 아니라 방향의 지시이다. 십자가는 하나님의 영광으로 가는 길일 뿐만 아니라, 결국에는 헛된 영광이나 자기 영광이 죽는 곳이며, 동시에 하나님의 영광이 온전히 빛나는 특권적인 장소이다. 십자가는 영을 분별하는 기준이다. 십자가 없는 영광은 헛된 영광이다. 이냐시오의 십자가 신비주의는 하나님의 영광에 의해 규제되어야 한다. 여섯째, 선택은 하나님의 영광을 위해 살기 위한 구체적이고 독특한 소명을 찾는 것이며, 다른 영들의 분별은 우리의 일상에서 하나님을 영화롭게 하는 방법론이다. 일곱째, 하나님의 영광은 하나님 나라를 전파하는 그리스도의 사명에 참여하고 그 나라의 삶을 사는 것, 즉 우리의 성화에서 빛을 발한다. 여기서, 하나님을 섬기는 것과 그리스도를 본받는 것은 하나님의 영광을 위해 똑같이 중요하다. 모든 것에서 하나님을 발견하는 관상적 사도, 즉 모든 것에서 오직 하나님의 더 큰 영광을 추구하는 사도의 예가 바로 이냐시오가 우리로부터 기대하는 사도의 모습이다. 여덟째, 이냐시오는 하나님 영광의 지평을 하나님의 더 큰 영광으로 확장하는데, 이는 우리의 지속적인 성화 성장과 하나님 나라에 대한 참여의 증가, 의사 결정의 원리, 그리고 항상 더 크신 하나님께 전적으로 개방된 내적 성향을 의미한다.

이냐시오의 하나님 영광 개념의 몇 가지 독특한 요소들을 중세의 하나님 영광 개념과 비교하여 더 자세히 살펴보는 것은 이냐시오의 하나님의 영광 개념뿐만 아니라, 초기 예수회의 사역에서 예시된 바처럼 신앙적인 것과 봉사적인 것을 효과적으로 통합하는 방법을 더 잘 이해하는 데 도움이 될 것이다.

A. 이냐시오의 하나님 영광 개념은 성경에 근거한다

이냐시오의 하나님 영광에 대한 개념은 하나님의 영광에 대한 성서적 개념과의 몇 가지 일치점을 분명히 보여준다. 첫째, 성경과 이냐시오 모두에서, 하나님의 영광은 세상을 향한 하나님의 구원 활동과 주로 관련이 있다. 앞서 언급했듯이, 구약과 신약 모두에서 하나님의 영광은 주로 온 세상의 구원을 위한 하나님 사랑의 행동과 연관되어 있다. 이냐시오의 하나님의 영광 개념은 또한 삼위일체 하나님의 우주를 향한 구원 프로젝트와 깊은 관련이 있으며, 이는 하나님 영광의 삼위일체적 순환 운동으로 전개된다.

둘째, 복음서와 이냐시오 모두에서 하나님의 영광은 예수 그리스도를 중심으로 한다. 복음서, 특히 요한복음에서 예수 그리스도의 전인격과 삶은 하나님의 영광을 드러내는 것이다. 이냐시오에게 그리스도께서는 하나님의 영광의 운동, 바로 그 중심에 서 계시다. 그리스도께서는 하나님의 영광에 이르는 길일 뿐만 아니라, 이냐시오의 신비체험에서 '하얀 어떤 것'으로 묘사된 바와 같이, 하나님의 영광 그 자체이시기도 하다.

셋째, 요한 및 바울과 마찬가지로 이냐시오에게 십자가는 하나님의 영광을 위한 특권적인 장소이다. 앞서 언급했듯이, 요한에게 있어서 그리스도의 전 생애에 나타난 영광은 예수님의 십자가 죽음에서 절정에 이른다. 바울에게 십자가는 하나님의 참된 영광이 온전히 드러나는 장소인데, 그 이유는 바로 십자가가 다른 사람들을 위해 하나님께 순종하며 사는 삶의 완성과 충만함이며, 이로써 하나님의 위엄과 능력이 자기 비움의 사랑으로 계시되기 때문이다. 특히 바울에게, 그리스도의 십자가와 부활은 그 둘의 본질적인 화합 안에서 이해되어야 한다. 이 일치는 삼위일체적 자기 비움의 사랑의 신비로서 계시된 하나님의 영광이다. 마찬가지로, 이냐시오에게 십자가는 하나님의 영광으로 가는 길일 뿐만 아니라 하나님의 영광이 온전히 빛나는 특권적인 장소이기도 하다. 바울과 마찬가지로 이냐시오에게 있어서도 그리스도의 죽음과 부활의 파스카 신비는 분리될 수 없는데, 이는 제3주간과 4주간을 하나로 묶는 해석학적 장치인 그리스도의 신성에서 예시된 바와 같다. 이냐시오의 일함과 영광의 원리는 이러한 파스카 신비의 통일성에서 비롯된다.

넷째, 이냐시오의 구원에 대한 이해는 바울의 구원에 대한 이해와 일치한다. 바울은 우리의 구원이 '하나님의 영광에 참여하는 것'이라고 말하고, 이냐시오는 우리의 구원이 '하나님 아버지의 영광에 들어가는 것'이라고 말한다. 바울과 이냐시오 모두 하나님 아버지의 영광에 참여하는 것을 우리의 구원으로 여기는 것이다.

마지막으로, 하나님께 영광을 돌리는 이냐시오의 방법은 성경에 근거를 두고 있다. 공관복음서에서 예수 그리스도의 신성을 고백하는 것은 하나님을 영화롭게 하는 것과 동등한 것으로 간주된다. 이냐시오에게 예수 그리스도는 창조주이시며 주님이시다. 예수 그리스도의 신성은 『영신수련』에서 기원되었던 것처럼, 그의 전 생애에 걸쳐 일관된 주제로 남아 있다. 파스카 고난의 순간에도 신성은 예수 그리스도로부터 제거된 것이 아니라, 여전히 예수 그리스도 안에 숨겨져 있었다. 요한복음에 따르면, 거룩함을 향한 우리의 헌신은 그리스도의 구원 행위에 대한 우리의 참여, 즉 하나님의 영광을 위한 참여와 동일시되고, 바울은 사도적 삶이 하나님께 영광을 돌리는 길이라고 생각한다. 이냐시오가 하나님께 영광을 돌리는 방식은 요한과 바울의 방식과 거의 동일하다. 그에게 있어서, 하나님께 영광을 돌리는 것은 하나님 나라를 전파하는 그리스도의 선교에 참여하는 것이며, 우리의 거룩함은 세상에서 하나님을 섬기는 사도적 삶에 있다.

우리는 이냐시오의 하나님 영광에 대한 개념이 하나님의 영광에 대한 성경적 개념과 일치한다는 것을 밝혀내었다. 이제 우리는 대화의 촉매제를 제공함으로써 현대 한국 개신교회와 이냐시오의 하나님 영광 개념이라는 두 전통이 진정한 대화에 참여하는 데 방해가 되는 장애물을 완전히 제거하고자 한다. 따라서 이냐시오의 하나님 영광 개념은 단순한 담론 파트너가 아니라, 개혁주의 전통에 속한 한국 개신교회의 적절한 담론 파트너로 설 수 있다.

B. 십자군 전쟁과 이냐시오에 나타난 하나님의 영광:
승리주의와 십자가의 길

이 장은 십자군 영성에 대한 완전한 탐구를 목표로 하는 것이 아니라, 이냐시오의 하나님 영광에 대한 개념이 승리주의가 아니라 십자가의 길이라는 생각을 십자군 영성과 비교하여 밝히고자 한다. 한스 볼터(Hans Wolter)에 따르면, 이냐시오의 영성에 반영된 십자군 영성의 두드러진 요소를 다음과 같이 요약할 수 있다: 1) 그리스도 중심성, 2) 고난 받으시고 왕관을 쓰신 주님을 따르고자 하는 열망, 3) 참회하는 순례와 빈곤의 수용, 4) 병원에서의 병자성사, 5) 신앙의 수호와 확산 간의 상호 관계, 6) 하나님의 영광.[1] 여기서 우리의 관심은 하나님의 영광이라는 주제에 집중되어 있다. 볼터가 정확하게 지적했듯이, 하나님의 영광은 십자군 영성의 포괄적인 특성이며 십자군 전쟁의 가장 강력한 동기 중 하나이다.[2]

그렇다면 하나님의 영광이라는 측면에서 십자군 영성과 비교하여 이냐시오 영성의 특징은 무엇일까? 첫째, 십자군 영성에서 하나님의 영광은 중세 기사도의 이상에 영향을 받아 이해되었지만, 이냐시오의 하

---

1. Hans Wolter, "Elements of Crusade Spirituality in St. Ignatius", in Ignatius of Loyola His Personality and Spiritual Heritage 2556-1956, ed. Friedrich Wulf (St. Louis: The Institute of Jesuit Sources, 1977), 97-134. 또한 Norman P. Tanner, "Medieval Crusade Decrees and Ignatius's Meditation on the Kingdom", Heythrop Journal 31 (1990): 505-515; Robert L. Schmitt, "The Christ-Experience and Relationship Fostered in the Spiritual Exercises of St. Ignatius of Loyola", Studies in the Spirituality of Jesuit 5 (1974): 217-255를 보라.

2. Wolter, 117.

나님 영광에 대한 이해는 그것에 의존하지 않았다. 중세 기사도의 이상은 명예와 영광이었으며, 명예는 목숨을 걸고 지켜야 했다. 칼 에르트만(Carl Erdmann)은 20세기 십자군 역사학의 고전인 그의 저서 『십자군 사상의 기원』에서 "원시 기독교 유적지로의 순례라는 사상과 교회를 위한 거룩한 전쟁이라는 사상이 인간 정신에 영향을 미친 두 가지의 힘으로서 십자군 운동에 작용했다"고 주장한다.[3] 십자군 전쟁에서 하나님의 명예는 거룩한 전쟁이라는 사상의 근본적인 주제였다. 거룩한 도시 예루살렘이 이교도들의 침략을 받았다는 사실은 하나님의 명예에 대한 모욕을 의미했고, 손상된 하나님의 영광은 반드시 회복되어야 했다.[4] 그리스도인들이 하나님과 교회의 명예와 영광을 지키기 위해 싸우지 않는다면, 기사도의 이상에 비추어 볼 때 부끄러운 일이 될 것이다. 이런 의미에서 십자군 영성은 하나님의 영광을 수호하려는 종교적 동기와 무력 충돌을 서로 섞었다.[5] 따라서 십자군 전쟁은 하나님의 전쟁으로 표현되었고, 십자군들은 '하나님의 군인(milites Dei)' 또는 '그리스도의 군인(milites Christi)'으로 불렸다.[6] 한편, 이냐시오도 '그리스도의 군인들'이라는 칭호를 사용했지만, 자신이나 초기 예수회의 사도직에서 하나님의 영광과 기사도의 이상 및 군사 작전을 혼합하지 않았다. 무어인의 마리아 모욕에 대한 대응과 유대인을 예수회 회원으로 받아들인 것

---

3. Carl Erdmann, The Origin of the Idea of Crusade (Princeton: Princeton University Press, 1977), xxxiii.

4. Wolter, 117.

5. Bernard McGinn, "Violence and Spirituality: The Enigma of the First Crusade", Journal of Religion 69 (1989): 379.

6. New Catholic Encyclopedia, vol. 4, 407.

에서 볼 수 있듯이, 회심 후 이냐시오는 기사도의 이상과 명예 중심의 사회적 가치관으로부터 자유로운 사람이었다. 또한 왕국 묵상에서 살펴본 바와 같이 이냐시오의 영성은 전쟁과 같은 영성이 아니며, 이냐시오의 '전투적 교회(ecclesia militans)'라는 개념은 반인간적인 것에 맞서 투쟁하는 교회를 의미한다. 마이클 버클리(Michael Buckley)는 "예수회는 그들의 영성을 나타내거나 그들의 공동 생활을 상징하는 군사적 은유에 대해 강하게 저항해 왔다"라고 분명히 말한다.[7]

둘째, 십자군 영성과 이냐시오 영성 모두에서 십자가는 하나님의 영광을 위해 필수적이다. 그러나 십자가가 각각의 영성에서 상징하는 바는 다르다. 성서에서 십자가는 두 가지를 동시에 상징한다: 그리스도의 고난과 악에 대한 그리스도의 승리이다. 즉, 고난과 승리라는 두 가지 서로 다른 단어가 십자가를 둘러싸고 있다. 십자가의 상징으로서의 이 둘은 서로 사이에 창조적인 긴장감을 성서에서 유지한다.[8] 기독교 역사에서, 특히 기독교가 다수 또는 지배적인 운동이 되었을 때, 교회는 때때로 극단적인 것, 특히 승리주의를 강조하는 경향이 있었다.[9] 하지만 고난과 승리는 분리가 될 수 없다. 승리는 세상적인 힘을 발휘하는 것이 아니라 그리스도와 함께 고난을 통해 이루어져야 한다.

---

7. Michael Buckley, "Ecclesial Mysticism in the *Spiritual Exercises* of Ignatius", 448.

8. Joseph D. Small, "In the Cross of Christ I Glory", Reformed Liturgy and Music 16 (Summer 1982): 117.

9. 십자가가 폭력을 정당화하는 승리주의의 상징으로 사용되는 것에 대해서는 Mary Ann Stenger, "The Ambiguity of the Symbol of the Cross: Legitimating and Overcoming Evil", in Evil and the Response of World Religion, ed. William Cenkner (St. Paul: Paragon House, 1997), 56-69를 보라.

십자군 전쟁과 스페인 정복 전쟁에서 십자가는 이교도들에 대한 승리를 상징했고,[10] 따라서 십자가는 승리주의의 상징이 되었다. 여기서 십자가는 그것이 승리를 상징한다는 의미에서만 하나님의 영광을 빛낸다. 즉, 하나님의 영광은 승리, 능력, 명예가 하나님의 영광을 드러내는 방법이라는 승리주의적 방식으로 이해되었다. 한편 십자가와 승리주의의 연관성은 이냐시오의 영성에서 거의 또는 전혀 자리를 차지하지 않았다. 그는 또한 그리스도가 사탄에게 승리를 거두는 장소로서 십자가를 인식했지만, 그의 특별한 관심은 그리스도의 승리 자체뿐만 아니라 그리스도의 승리가 성취되는 방식에도 있었다. 이것은 '두 기준(깃발)의 묵상'에 깊이 내재되어 있다. 여먼스(W. Yeomans)가 정확하게 지적한다:

영신수련의 이 단계에서 쟁점이 되는 것은 구원의 사실이나 루시퍼에 대한 그리스도의 승리가 아니다. 그것은 의심의 여지가 없으며 첫 주의 전체 신학이 그것을 전제로 한다. 문제는 이 승리가 어떻게 나의 선택을 통해 지금 여기에서 [인류]를 위해 현실화될 수 있는가 하는 것이다. 이냐시오의 마음속에는 그리스도의 깃발이 십자가의 깃발이라는 데 의심의 여지가 없다.[11]

따라서 이냐시오에게, 그리스도에 대한 우리의 봉사는 승리주의의 표준이 아니라 세상에 대한 그리스도의 봉사의 표준, 즉 십자가의 길을 따라야 하는 것이다: "첫째는 부와 반대되는 가난, 둘째는 세상의 명예

---

10. Carl Erdmann, The Origin of the Idea of Crusade, 35.

11. William Yeomans, "Two Standards", The Way Supplement 1 (1965): 21.

와 반대되는 수치, 혹은 업신여김, 셋째는 교만에 반대되는 겸손이 그것이다"[146]. 이것이 이냐시오가 라 스토르타에서 아버지 하나님으로부터 확인받은 것이다. 그에게 십자가는 승리주의와는 아무런 관련이 없으며, 오히려 십자가는 세상을 위한 그리스도의 노고와 고통의 정점이며 그리스도의 선교에 우리가 참여하는 구체적인 방법을 나타낸다. 여기서 십자가는 하나님의 참된 본성, 즉 고통을 느끼는 존재이면서 사랑 그 자체이신 하나님을 드러낸다는 의미에서 하나님의 영광을 나타낸다. 즉, 하나님의 영광은 고난과 굴욕과 무력함 속에서 빛을 발한다. 또한 십자가의 고통과 어리석음의 선택은 항상 하나님의 영광에 의해 규제되어야 하므로, 하나님의 영광이 그 안에 발견되지 않는 지배와 억압에 십자가가 사용될 수 없다. 따라서 이냐시오에게 하나님의 영광은 승리주의가 아니라 십자가의 길이다.

C. 중세의 영성과 이냐시오에 나타난 하나님의 영광

1. 거룩에 대한 이해의 차이: 안정성과 유동성

하나님의 영광을 반영하는 거룩함에 도달하는 방법이라는 측면에서, 하나님의 영광에 대한 이냐시오의 개념의 뚜렷한 또 다른 특징을 수도원 영성과의 비교에서 찾아볼 수 있다. 영속성과 순종을 수도원 생활의 두 기둥으로 생각했던 베네딕트에 의한 수도원 개혁 이후,[12] 거룩함이라는 영적 완전성에 도달하기 위해 안정성이 중세 수도생활의 필수 사항으로 여겨졌다. 유동성은 가능한 한 피하는 것이 좋다고 생각되었다. 이는 베네딕트가 수도사를 네 부류로 나눈 데에서도 명확하게 드러난 다: 1) 수도원에서 공동생활을 하는 세노바이트(cenobite), 2) 철저한 은둔 생활의 앵커라이트(anchorite) 또는 은둔자(hermit), 3) 도시에 살았던 사라 바이트(sarabaite), 그리고 4) 여러 수도원을 방랑하는 자이로바그(gyrovague). 베네딕트는 최악의 수도사인 자이로바그를 "평생을 이 지역 저 지역으 로 다니며 수도원에서 3 - 4일 동안 손님으로 머무는", 따라서 항상 떠 돌아다니며 정착하지 않는 수도사라고 정의했다.[13] 아빌라의 테레사와 십자가의 성요한에 의한 중세 수도원의 개혁은 베네딕트의 개혁을 16 세기에 부활시킨 것이었다. 베네딕트와 마찬가지로 아빌라의 테레사와 십자가의 성요한에게도, 앞서 언급했듯이, 규칙의 준수는 수도원 생활 과 거룩함의 성취에 결정적인 역할을 했다. 물론 수도원의 안정 서약은 가장 중요한 규칙 중 하나였다. 이냐시오가 매우 중요하게 여겼던 『그 리스도를 본받아』에서도 여행을 많이 하는 사람은 거룩함을 얻기를 기 대하지 말라고 경고했다: "관능적인 욕망이 당신을 유혹하여 방황하게 만드는데, 방황이 끝나면 양심이 흐려지고 마음이 산만해지는 것 외에 무엇을 가져올 수 있습니까? 방문을 닫고 사랑하는 예수님을 불러 그 분과 함께 그곳에 머무십시오."[14] 그 결과 중세 수도원의 영성에서 거룩

12. Justo L. Gonzalez, The Story of Christianity vol. I (San Francisco: Harper & Row, 1984), 239.

13. Benedict, The Rules of St. Benedict in English, ed. Timothy Fry (Collegeville: The Liturgical, 1981), 20-21.

14. Thomas à Kempis, The Imitation of Christ, ed. & trans. Joseph N. Tylenda (New York: Vintage, 1998), 28-29. 또한 O'Malley, "Early Jesuit Spirituality: Spain and Italy", 8을 보라.

함은 안정성과 관상에 있다고 믿었던 것이다.

한편 이냐시오에게 있어서, 예수회의 거룩은 안정과 관상에서가 아니라 유동성과 행동의 한복판에서의 관상으로 구성된다. 앞서 언급했듯이, 그는 만레사에서 하나님과의 연합을 경험하고 삼위일체 하나님의 위엄과 장엄함을 느꼈다. 그는 세상이 하나님의 영광으로 가득 차 있음을 보았고, 만물에서 동일한 영광을 발견했으며, 그 영광은 만물을 아버지 하나님의 영광으로 되돌리기 위해 일하고 있었다. 따라서 이냐시오에게 세상은 더 이상 우리 그리스도인들이 물러나야 할 곳이 아니라 삼위일체 하나님께서 거하시고, 우리를 지탱하시며, 일하시는 곳이며, 우리가 그리스도의 사명을 완수하기 위해 그리스도와 함께 고난 속에서 일하는 곳이다. 그에게 하나님은 고독한 기도 속에서뿐만 아니라 이 세상에서의 실천에서도 더 중요한 의미에서 발견된다. 즉, 하나님께서는 세상에서의 사역과 선교 활동에서 발견되신다. 이런 의미에서 이냐시오 영성은 세상 안에서의 하나님의 선교와 봉사를 중심으로 하는, 세상을 긍정하는 사도적인 영성인 것이다. 예수회의 수도자는 고독하게 머물기보다는, 어디든 갈 수 있는, 즉 선교사로서 어디든 파견될 수 있는 준비가 항상 되어 있어야 한다. 앞서 살펴본 바와 같이 이것이 바로 초기 예수회에게 네 번째 서원의 의미이다. 오말리(O'Malley)는 "안정의 서원이 그를 수도사로 만들었다면, 이 유동의 서원, 즉 '영혼의 도움'을 위해 세계 어디든 갈 준비가 되어 있다는 서원이 그를 예수회원으로 만들었다"라고 지적한다.[15] 이냐시오는 '안정의 서원'을 '유동성의

---

15. O'Malley, "Mission and the Early Jesuits", 8.

서원'으로 바꾸어 예수회 소명의 본질로 삼았다. 따라서 이냐시오에게 성덕의 길은 사목과 선교 사업을 위해 이동하는 유동성과, 구원을 위해 세상에서 그리스도와 함께 일하고 고통받는 가운데 하나님과의 연합을 경험하는, 행동의 한복판에서의 관상에 있다.

2. 하나님 영광의 새로운 지평:
하나님의 더 큰 영광을 위하여(Ad Majorem Dei Gloriam)

이냐시오는 중세에서 근대로 넘어가는 과도기에 살았다. 즉, 그는 중세 후기인이자 동시에 근대 초기의 사람이었다.[16] 이냐시오는 인간이 하나님의 영광을 받는 존재이자 그것을 담는 그릇일 뿐만 아니라, 하나님의 영광을 성취하기 위해 하나님과 함께하는 지성적이고 자유로운 동역자라고 생각했다. 하나님의 영광과 인간 동역자에 대한 이러한 이해는 인간의 자유에 대한 근대적 의식을 전제로 하며, 이냐시오가 당대의 근대 정신을 창조적으로 수용한 좋은 예이다.

이러한 근대 정신을 창조적으로 적용한 가장 좋은 예 중 하나는 그의 모토인 '하나님의 더 큰 영광을 위하여(ad majorem Dei gloriam)'이다. 이것은 하나님의 영광의 의미에 대한 새로운 통찰을 제공했다. 칼 라너에 따르면 하나님의 더 큰 영광을 위해 헌신하는 삶에는 네 가지 기본 요소가 필요하다: 1) 하나님에 대한 순종과 그러한 순종에 필요한 초연, 2) 하나님의 더 큰 영광을 증진하기 위해 우리가 무엇을 선택해야 하는지를

---

16. Karl Rahner, "Being Open to God as Ever Greater", 32.

검토할 때 드러나는 이미 형성된 성향, 3) 겹쳐 놓인 성향이 역사의 우여곡절에 의해 좌우된다는 것을 의미하는 변화 가능성, 4) 이미 형성된 성향과 그 변화 가능성을 명시적, 반성적, 의식적으로 고려하여 자신의 삶을 계획하는 인간 자신의 능력이다.[17] 여기서 우리는 하나님의 더 큰 영광이—특히 '더 큰'이라는 말이— 인간을 "합리적 계획에 의해 [자신]과 [자신의] 세계를 통제하며, [자신]과 세계를 열린 미래로 향하게 하는" 자유 행위자로 보는 근대적 의식 없이는 이해되고 실천될 수 없음을 알 수 있다.[18] 이냐시오가 당대의 정신으로 상상한 그리스도인은 "새 시대의 자아로서, 하나님의 더 큰 영광을 위한 것이 지금 무엇이고, 앞으로 그것이 될 수 있는 것은 무엇인지를 고려하고, 시험하고, 선택할 수 있는 초월적인 유리한 지점을 차지하는 사람"이다.[19] 그리스도인의 이러한 비전 없이는 앞서 살펴본 '하나님의 더 큰 영광을 위하여'의 진정한 의미에 도달할 수 없다. 따라서 이냐시오는 하나님의 더 큰 영광의 참된 의미를 펼쳐 보이며, 하나님의 영광에 근대적 정신을 불어넣어 하나님의 영광의 새롭고 확장된 지평을 열어간다.

---

17. Ibid., 34-39.

18. Ibid., 32.

19. Ibid., 41-42.

D. 개인 신앙적 차원과 사회 봉사적 차원의 통합을 위한 기초로서의 하나님의 영광

이제 우리는 이냐시오의 하나님의 영광에 대한 개념이 어떻게 개인의 신앙과 공동체를 위한 봉사를 통합하는 기초가 될 수 있는지에 대한 질문을 다루어야 한다. 이 질문은 두 가지 방법으로 답할 수 있다. 우선, 나는 하나님의 (더 큰) 영광이 이냐시오에게 삼위일체 하나님과의 연합과 '봉사의 신비주의(mysticism of service)'의 통합을 위한 토대가 되며, 따라서 그러한 통합은 신앙적·봉사적 차원을 구성하는 '행동의 한복판에서의 관상' 또는 '모든 것 안에서 하나님 발견하기'라는 열매를 맺는다고 주장할 것이다. 그런 다음, 이러한 통합이 이냐시오와 초기 예수회의 사역에서 예증되었다고 주장할 것이다.

1. 삼위일체 하나님과의 연합과 봉사적 신비주의의 통합

만레사에서 이냐시오는 활동적인 삶과 관상적인(contemplative) 삶에서 똑같이 탁월한, 즉 모든 것 안에서 하나님을 발견하고 하나님 안에서 모든 것을 발견하는, 관상적인 사도로 변화되었다. 그의 영성 생활에서 관상과 행동, 즉 하나님에 대한 친숙함과 사도적 봉사는 서로 상충되는 것이 아니라 오히려 서로를 풍요롭게 했다. 게다가 그것들은 모든 것 안에서 하나님을 발견하는 열매, 즉 관상 안에서 행동하는 열매로 통합되었다. 관상적 사도로서의 이냐시오의 모습은 카마라에게 털어놓은 이냐시오 자신의 말에서 분명하게 볼 수 있다: "덕성은 나날이

증대하여… 어느 시각에라도 마음만 먹으면… 하나님을 만나 뵙는 것이었다"(『자서전』[99]).

이냐시오는 관상과 사도직을 통합한 관상적 사도가 되었을 뿐만 아니라, 그의 추종자들 또한 관상적 사도가 되기를 바라고 격려했다. 이냐시오 자신에 대한 무의식적 묘사이기도 한, 수도회의 수장에게 요구되는 여섯 가지 자질 중에서 하나님과의 친밀함이 가장 먼저 꼽힌다: "첫째로, [수도회의 장은] 우리 주 하나님과 밀접하게 연합하고, 기도와 그의 모든 활동에서 [하나님]과 친밀해야 한다는 것입니다."[20] 여기서 우리는 이냐시오가 기도와 행동 모두에서 하나님을 발견하는 능력, 즉 관상과 사도적 봉사를 통합하는 능력에 얼마나 큰 가치를 두었는지 알 수 있다. 관상과 사도적 봉사의 통합은 '모든 것 안에서 하나님 발견하기' 또는 '행동의 한복판에서 관상하기'로 정교하게 표현되며, 이냐시오 영성을 결정체화하는 작업이다.

그렇다면 이러한 통합의 토대는 무엇인가? 여기서 우리는 이냐시오를 관상적 사도로 변화시킨 만레사에서의 신비적 체험의 본질을 상기할 필요가 있다. 신비체험의 본질은 십자가에 못 박히신 그리스도를 중심으로 삼위일체 하나님의 영광이 순환하는 운동이었다. 따라서 이냐시오의 봉사적 신비주의는 하나님 영광의 삼위일체적 순환 운동에 비추어 볼 때 가장 잘 이해될 수 있다. 그의 신비체험에서 볼 수 있듯이 이냐시오는 삼위일체 하나님과의 연합, 즉 삼위일체 하나님의 영광을 경

---

20. Ignatius of Loyola, The Constitutions of the Society of Jesus and Their Complementary Norms, part IX, chapter 2, [723]. 또한 Gerald M. Fagin, "The Spirituality of the Spiritual Director", The Journal of Spiritual Directors International 8 (October 2002): 15를 보라.

험했다. 삼위일체 하나님의 영광을 만난 그는 '위로부터' 모든 것을 볼 수 있는 새로운 눈을 갖게 되었다. 이러한 관점에서 볼 때 모든 피조물은 하나님의 영광으로 가득 차 있으며, 하나님의 영광 앞에서 그 존재의 본질을 드러낸다. 이나시오는 삼위일체 하나님과의 직접적인 만남에서 발견한 것과 동일한 영광을 모든 피조물에서 발견할 수 있었다. 이런 의미에서, 기도 안에서 삼위일체 하나님의 영광을 경험하지 않고는 모든 피조물이나 행동 안에서 동일한 영광을 발견하는 것은 불가능하다. 데클루(Decloux)가 올바르게 지적했듯이, "이 왕국을 건설하는 데 기여하는 사도는 기도로 자신의 비전을 깨우치고 기도를 통해 자신의 삶에서 예수님의 현존을 볼 수 있도록 연마해야" 하는 것이다.[21] 따라서 이나시오에게 기도로 삼위일체 하나님과 연합하는 것은 하나님의 영광의 지붕 아래에서, 모든 것 안에서 하나님을 발견하는 것과 깊은 관련이 있다.

이나시오에게 하나님의 영광은 모든 피조물 안에 거하며 그들을 지탱하고 있을 뿐만 아니라, 그들을 존재의 근원인 아버지 하나님의 영광으로 되돌리기 위해 일하며 고통받고 있다는 사실이 더욱 중요하다. 하나님의 영광을 위한 이 구원 운동의 중심에는 하나님의 영광으로 충만한 그리스도, 특히 십자가에 못 박히신 그리스도께서 서 계시다. 그리스도께서는, 함께 일하고 고난을 받아 그와 함께 하나님 아버지의 영광에 들어가도록 우리를 부르신다. 따라서 봉사는 그리스도의 부르심에 아멘으로 응답하는 것이며[95], 하나님의 더 큰 영광을 위한 운동에 그

---

21. Simon Decloux, The Ignatian Way, trans. Cornelius Michael Buckley (Chicago: Loyola University, 1991), 127.

리스도의 방법으로 함께 참여하는 것이다. 이런 의미에서 이냐시오의 삼위일체 하나님과의 신비적 연합은 영혼의 중심에서의 하나님의 활동이 아니라 세상의 중심에서의 하나님의 활동, 즉 "세상에서의 기쁨의 신비주의"를 탐구하도록 그를 인도했다.[22] 다시 말해, 이러한 신비적 연합은 그로 하여금 세상으로부터 물러나지 않고 오히려 봉사를 통해 세상에서 하나님의 더 큰 영광을 드러내도록 이끌었다. 사도적 봉사는 삼위일체 하나님과의 연합에 달려 있는 열매이며, 이냐시오가 거룩에 이르는 길이다. 따라서 삼위일체 하나님의 영광 운동의 관점에서 보면, 기도 안에서 삼위일체 하나님과의 연합은 사도적 봉사의 기초가 된다.

결국 사도적 봉사는 기도 안에서의 하나님과의 연합을 풍성하게 하고, 깊게 하고, 촉진하는 거름의 역할을 한다. 사도적 봉사는 단순한 행동주의가 아니라 하나님과의 연합의 또 다른 형태, 즉 하나님의 영광을 발견하고 증진하는 또 다른 형태이기 때문이다. M. 버클리가 분명히 말했듯이, "'연합'과 '봉사'는 하나님과의 동일한 신비적 연합의 두 가지 차원이다. 왜냐하면 영신수련은 인간의 필요로부터 추상화된 하나님이 아니라 인간의 구원을 위해 일하시는 하나님과의 연합을 촉진하기 때문이다."[23]

그리스도는 하나님의 영광을 드러내는 운동의 중심에 서 계시므로, 사도적 봉사는 일과 고난 속에서 그리스도의 사명에 그리스도와 함께

---

22. Harvey Egan, Ignatius Loyola the Mystic, 123; Karl Rahner, "The Ignatian mysticism of Joy in the World", 277-293.

23. Michael J. Buckely, "Ecclesial Mysticism in the *Spiritual Exercises* of Ignatius", 463.

참여하고 영광과 기쁨을 함께 나누는 것이다. 따라서 사도적 봉사는 하나님 나라를 위해 일하는 과정에서 그리스도와의 연합과 동일시된다. 하나님의 영광은 행동에서의 하나님과의 연합에서 빛을 발한다. 따라서 행동에서의 하나님의 영광에 대한 친밀은 기도에서의 하나님의 영광에 대한 친밀함을 풍성하게 하고, 깊게 하고, 촉진한다. 행동에서 하나님의 영광을 발견하는 사람은 기도에서 하나님의 영광을 쉽게 발견할 수 있다. 콘웰(Conwell)의 다음과 같은 지적이 옳다:

> …모든 것 안에서 하나님을 찾는다는 것은 관상 안에서 잉태된 삼위일체의 사랑을 행동으로 확장하는 것이다. 다시 한번 행동과 관상이 만나 삼위일체의 사랑 안에서 [하나가] 된다.[24]

그러므로 관상은 삼위일체 하나님의 영광이라는 지붕 아래에서 사도적 봉사의 기초가 되고, 사도적 봉사는 관상을 상호 풍요롭게 하고, 깊게 하고, 촉진하는 거름이 된다. 즉, 삼위일체 하나님의 영광은 하나님과의 연합과 봉사적 신비주의의 통합을 위한 토대이다.

이냐시오에게 사도적 봉사(모든 것 안에서 하나님 발견하기)는 기도 안에서 하나님을 찾지 않고는 이룰 수 없다. 기도에서 하나님을 찾지 않는 사도적 봉사는 자기 의, 자기 교만, 자기 영광을 위한 단순한 행동주의에 빠지기 쉽다. 그런 활동에 참여하는 사람들은 쉽게 지칠 수 있다. 또한 사도적 봉사와 연결되지 않은 기도에서 하나님을 찾는다는 것도 상상

---

24. Joseph Conwell, Contemplation in Action: A Study in Ignatian Prayer (Spokane: Gonzaga University, 1957), 34.

할 수 없다. 사도적 봉사가 없는 관상은 자기만족을 추구하는 것 외에는 아무것도 의미하지 않는다. 그런 기도는 생명력과 깊이와 의미를 잃게 될 것이다. 따라서 이냐시오에게 기도와 사도적 봉사는 하나님의 더 큰 영광을 위해 모든 것 안에서 하나님을 발견하고 하나님 안에서 모든 것을 발견하는 형태로 통합되어야 한다. 귀베르(Guibert)는 이렇게 명확하게 표현한다:

> 기도 그 자체, 모든 것 안에서 발견되는 하나님과의 일상적인 연합, 그리스도와의 친밀함, 심지어 가장 고상한 주부적(infused) 관상의 은사까지, 이냐시오에게는 이 모든 것이 끝이 아니었다. 대신에, 이 모든 것은 [우리를] 해방시키고, 정화하고, 강화하고, 불을 지피는 수많은 수단으로서, [우리의] 진정한 목적, 즉 하나님의 가능한 한 가장 큰 영광을 향한 [우리] 자신의 봉사를 완벽하게 수행할 수 있도록 하기 위한 것이었다.[25]

지금까지 우리는 이냐시오가 품었던 하나님의 영광에 대한 개념이 하나님과의 연합과 봉사적 신비주의의 통합을 위한 토대라고 주장했다. '모든 것 안에서 하나님 발견하기'라는 열매를 맺는 이냐시오의 하나님의 (더 큰) 영광 개념은 신앙적 차원과 봉사적 차원의 통합을 위한 자원이 될 수 있다. 이제 이냐시오와 초기 예수회의 사역에서 이러한 통합이 어떻게 예시되었는지 살펴보기로 하자.

---

25. Guibert, The Jesuits, 178.

2. 사역: 기도와 사도적 봉사의 통합의 구체화

이냐시오와 초기 예수회의 사역은 1550년의 '예수회 헌장(Formula of the Institute)'에 다음과 같이 나열되어 있다:

> …설교, 강의, 기타 하나님의 말씀을 전하는 모든 사역을 통해, 더 나아가 영신수련을 통해, 어린이와 글을 배우지 못한 사람들을 기독교에서 교육하고 고해성사를 듣고 다른 성사를 집행함으로써 그리스도의 신자들을 영적으로 위로해야 합니다. 또한 그는 소원해진 사람들을 화해시키고, 감옥이나 병원에 있는 사람들을 정답게 돕고 봉사하며, 하나님의 영광과 공동선에 유익한 것으로 보이는 다른 모든 자선 사업을 수행할 준비가 되어 있음을 보여 주어야 합니다.[26]

이러한 사역은 크게 말씀의 사역, 성사의 사역, 자비의 사역, 이 세 가지 유형으로 분류될 수 있다. 즉, 이냐시오와 초기 예수회의 사역은 "말씀-성사-자비의 삼박자"로 구성되어 있었다.[27] 말씀 사역은 설교, 강의, '하나님의 것'에 대한 영적 대화, 출판, 기독교 교육, 영신수련을 통한 피정, 영성지도 등 다양한 형태를 취했다. 초기 예수회는 성사 사역을 위해 고해성사와 영성체를 자주 할 것을 옹호했다. 자비의 사역은 소외된 사람들, 고아, 성 노동자, 죄수, 병자, 병원과 감옥에서 죽어가는 사람들을 대상으로 이루어진다.[28]

---

26. Padberg, ed., The Constitutions of the Society of Their Complementary Norms, 4.
27. O'Malley, The First Jesuits, 91.
28. 이러한 모든 형태의 사역을 자세히 다루는 것은 이 책의 범위를 벗어난다. 이에 대한 자세한 내용은 O'Malley, The First Jesuits, 91-199를 보라.

말씀-성사-자비의 이 세 가지 사역은 관상과 사도적 봉사의 통합, 즉 하나님의 영광이라는 지붕 아래 신앙적 전통과 봉사적 전통을 통합한 구체화의 예이다. 한편으로, 처음 두 가지 유형의 사역은 마음의 변화인 개혁(*reformatio*)과, 기독교적 인격의 형성(*christianismum, christianitas*)에 초점을 맞추었다. 마음을 변화시키고 선한 그리스도인을 형성하는 사역은 '내면의 사역'이라고 명명할 수 있다. 한편, 자비의 사역은 세상에서의 봉사에 중점을 두었다. 하지만 마음의 변화와, 선한 그리스도인의 형성, 세상에서의 봉사는 서로 깊이 관련되어 있다. 앞서 언급했듯이, 이냐시오와 초기 예수회에게 개혁이라는 마음의 변화는 죄에서 사도적 봉사로의 회심을 의미했으며, 기독교적 인격의 형성은 '그리스도교의 본질적이고 전통적인 관습과, 특히 영적이고 물질적인 자비의 행위를 통해 신자의 사회적 책임과 기회를 개인에게 소개하는 것'을 의미했다. 회심은 사도적 봉사로 이어져야 하며, 훌륭한 그리스도인은 세상에서 사회적 책임과 자비의 일을 받아들여야 한다. 오말리는 이러한 상호 연관성을 다음과 같이 설명한다:

> 자비의 사역에 대한 헌신은 말씀의 사역으로 시작된 순환을 완성했다. 설교와 영신수련은 회심으로 이어졌고, 회심은 고해성사로 표현되고 기도와 영성체에 의해 자양분을 얻었다. 회심은 다시 다른 사람들의 물체적, 영적 필요를 덜어주기 위한 헌신으로 꽃을 피웠다.[29]

---

29. Ibid., 165.

영신수련이 '하나님의 사랑을 얻기 위한 관상'으로 끝나고, 수련자를 세상으로 돌려보내어 모든 것 안에서 하나님을 발견하는 새로운 삶을 살게 하는 것을 목표로 하는 것처럼, 이냐시오와 초기 예수회 사도직의 세 가지 순환은 자비의 사역, 즉 모든 것 안에서 하나님을 발견하는 일로 끝이 난다. 따라서, 내면성의 성직과 사도적 봉사의 성직이 서로 잘 짜여 이냐시오와 초기 예수회의 성직이 되었다.

반면에, 하나님의 영광은 이러한 내면성과 사도적 봉사 사역의 자원이자 목적(telos)이다. 이냐시오와 초기 예수회의 사역의 주된 목적은 종교개혁에 대항하여 가톨릭 신앙을 수호하는 것이 아니라 영적, 육체적으로 도움이 필요한 사람들의 마음을 변화시키고 그들을 섬김으로써 하나님의 더 큰 영광을 증진하는 것이었다. 또한 마음의 변화와 사도적 섬김은 이냐시오 자신의 변화에 있어서 핵심적인 특징이다. 이냐시오와 초기 예수회의 사역은 이냐시오 자신의 변화가 구체화된 형태이다. 우리가 이미 알고 있듯이 삼위일체 하나님의 영광이 이냐시오의 변화의 원인이었다. 따라서, 하나님 영광의 삼위일체적 운동은 이냐시오와 초기 예수회 사역의 자원이었다. 그들에게 하나님 영광의 삼위일체적 운동에 참여한다는 것은 그 사역에 헌신한다는 것을 의미했다. 그 결과, 이냐시오와 초기 예수회의 사역은 하나님과의 연합과 하나님의 (더 큰) 영광이라는 지붕 아래에서 사도적 봉사를 통합하는 모범을 보여준다.

그렇다면 이냐시오와 초기 예수회 사역의 봉사적 차원에 대해 우리는 무엇을 말할 수 있는가? 이러한 봉사적 차원을 다루기 위해서, 먼저 이냐시오가 살았던 시대에는 사회를 변혁하거나 사회 구조를 변화시키는 윤리적, 정치적 임무를 명시적으로 제시할 수 있는 사회 분석적 방법이 없었으며, 이러한 임무는 현대에 이르러서야 봉사적 행동으로 간주된다는 사실을 고려해야 한다. 그러나 이건(Egan)이 분명히 지적했듯이, 초기 예수회의 사역과 현대에 이르러 사회 변혁 또는 사회 구조 변화라고 불리는 것 사이에는 강력한 연속성의 요소를 찾을 수 있다.[30]

이러한 연속성의 요소는 두 가지 영역에서 찾을 수 있다. 한편으로 마음의 변화로서의 개혁과 선한 그리스도인의 형성은 세상에서의 사도적 봉사와 사회적 책임을 각각 그들의 본질로 받아들였다. 따라서 회심과 선한 그리스도인의 형성, 즉 예수회의 끊임없는 사도적 목표들은 삶의 깊은 쇄신과 사회적 관습의 개혁, 하나님의 더 큰 영광에 더 도움이 되는 것에 따라 일을 하는 평범한 방식에 대한 지속적인 개혁이었다. 이건이 정확하게 지적한다:

> 이러한 영감, 즉 자신의 삶을 변화시키고, 하나님의 영이 자신의 삶에 더 온전히 들어오도록 허용하며, 우리 마음속의 성령의 운동이 우리의 관습, 관행, 목표, 가치관, 일상 습관을 변화시키는 것, 이것은 원칙적으로 이미 "사회 구조를 변화시키는 것"을 의미한다.[31]

이러한 영감은 이나시오 자신의 변화에서 잘 드러난다. 앞서 살펴본 것처럼 이나시오는 오직 하나님의 더 큰 영광을 추구하는 새로운 사람

---

30. Robert J. Egan, Ignatian Spirituality: Finding God in Everything; Ignatian Spirituality and Social Justice (Toronto: Regis College, 1991), 38.
31. Ibid., 39.

제5장 　　　　　　　　 로욜라의 이나시오의 하나님 영광 개념의 독특성 **179**

으로 변화된 후, 사회적 가치와 관습에서 자유로워졌다. 이냐시오 시대의 스페인에서는 명예가 스페인 사람들의 행동을 결정하는 주요한 사회적 원칙이자 가치였다. 특히 '혈통의 순수성'에 기반한 명예 개념은 사회적 편견과 불의를 양산하고 정당화하는 지배 이데올로기가 되었다. 이냐시오가 유대인을 예수회에 받아들임으로써 이러한 명예 개념을 거부한 것은 지배 이데올로기와 문화에 도전하고 소외된 이들과의 연대를 보여준 행위로 볼 수 있다. 또한 이냐시오는 '두 가지 기준'에서 그리스도의 기준과, 인간 본성에 대항하는 '적의 기준'이라는 두 가지 상반된 가치 체계를 제시했다. 전자는 가난, 멸시, 겸손으로 구성되고 후자는 부, 명예, 교만으로 구성된다[142, 146]. 전자는 그리스도 안에서의 참된 삶을 구성하지만 후자는 당시 스페인의 사회적 가치 또는 통치 이데올로기를 나타낸다. 이런 의미에서, 그리스도 안에서 일어나는 참된 삶으로의 급진적 회심은 사회적 규범이나 지배 이데올로기에 반대할 수밖에 없었고, 사회를 변혁하기 위해 노력했다. 따라서 이건은 이렇게 썼다:

[이냐시오 영성]은 예수님 자신의 가르침과 사역의 예언적이고 종말론적인 성격을 부분적으로 회복한 것이라고 말할 수 있다. 이 회복에는 적어도 두 가지의 주요한 측면이 있다: 첫째, 삶과 죽음, 빛과 어둠, 두 왕국의 투쟁, 세상의 한복판과 문화의 생산 속에서 극적으로 전개되는 와중에 구체적인 역사 속에서 계속되는 미완의 메시아적 사명에 대한 생각에 초점을 맞추고 있다. 둘째, 소명과 선교라는 성경적 사상에 의해 깊이 형성된 고유한 종류의 신 의식인 종교 체험을 전달한다. 그것은 예수의 영성과

같은 신비주의로, 지상의 상황에 절망하지 않고 다른 사람들을 위한 정의와 자유의 새로운 가능성에 마음을 두는 것이다.[32]

가장 깊은 수준의 개혁과 선한 그리스도인의 형성은 분명히 실용적, 사회적, 심지어 정치적 함의를 가지고 있다.

반면에, 자비의 사역과 공식적인 학교교육의 사역에는 이러한 연속성의 요소, 즉 봉사적 차원이 포함되어 있다. 이냐시오와 초기 예수회는 처음부터 가난한 사람, 성 노동자, 병자, 수감자, 거리의 아이들, 소외된 사람들에 대해 특별한 관심을 가졌다. 이러한 사회문제에 대응하기 위해 이냐시오와 초기 예수회는 임시방편적이거나 상징적인 해결책을 제시하기보다는, 가난한 사람들을 돌보는 재단을 설립하고, 고아원을 설립하고, 성 노동자들을 위한 쉼터를 짓고, 병원과 교도소에서 일하고, 전쟁과 기근의 희생자를 위한 구호 활동을 조직하고, 갈등하는 파벌 간의 화해에 영향을 미침으로써 해결책을 제도화하려고 노력했다.[33] 이냐시오와 초기 예수회에 정규 교육 사역은 "[이냐시오가] 사회 전반의 '공동선'이라고 불렀던 것에 기여하는 자선 사업"으로 여겨졌다.[34] 페드로 리바데네이라(Pedro Ribadeneira)는 스페인 국왕 필립 2세에게 보낸 편지에서 예수회 학교의 목적을—'청소년의 올바른 교육은 전 세계의 개선을 의미한다'는 뜻으로 번역할 수 있는— *institution puerorum, refor-*

---

32. Ibid., 36-37.

33. Ibid., 38.

34. John W. O'Malley, "How the First Jesuits Became Involved in Education", in The Jesuit *Ratio Studiorum*: 400th Anniversary Perspectives, ed. Vincent J. Duminuco (New York: Fordham University, 200), 64.

*matio mundi*로 설명했다.[35] 즉, 리바데네이라에게 사회적 공동선은 '전 세계를 위한 개선'을 암시했다. 이 설명에 동의했던 후안 알폰소 데 폴랑코(Juan Alfonso de Polanco)는 1547년부터 1572년까지 예수회의 사무국 장을 역임하면서 예수회가 운영하는 학교가 필요한 15가지 이유를 제시했다. 그중 마지막 이유는 공식적인 학교교육 사역의 사회적 차원을 드러낸다: "지금은 학생에 불과한 이들이 성장하여 목회자, 공무원, 사법 행정가가 될 것이며, 모든 사람의 이익을 위해 다른 중요한 직책을 맡게 될 것이다."[36] 즉, 학교는 훌륭한 그리스도인을 양성할 뿐만 아니라 "도시의 개혁"을 위한 강력한 도구이기도 했다.[37]

우리는 이냐시오와 초기 예수회의 사역이 실제적이고 사회적이며 심지어 정치적인 함의를 가지고 있음을 보았다. 따라서 우리는 "이냐시오 영성이 분별력과 사도적 사명의 틀 안에서 역사 의식의 문제에 직면할 때, 그 자체가 필연적으로 역사와 사회에서 '정의를 위한 투쟁'이 된다"라는 이건의 말에 동의할 수 있다.[38]

결론적으로, 이냐시오의 하나님의 (더 큰) 영광에 대한 개념은 삼위일체 하나님과의 신비적 연합과 사도적 봉사의 통합, 즉 개인 신앙적 차원과 사회 봉사적 차원의 통합을 위한 토대이며, '행동의 한복판에서 관상하기' 또는 '모든 것 안에서 하나님 발견하기'를 성취하는 열매를

---

35. Ibid., 66.

36. Ibid., 66; O'Malley, The First Jesuits, 212-213.

37. O'Malley, The First Jesuits, 211.

38. Egan, Ignatian Spirituality: Finding God in Everything; Ignatian Spirituality and Social Justice, 18-19. 이건은 '정의를 위한 투쟁'을 '인간 삶의 진정한 번영을 위한 희망과 연대의 투쟁'으로 정의한다.

맺는다. 이냐시오와 초기 예수회의 사역은 이러한 통합의 모범을 보여준다. 따라서 이냐시오의 하나님 영광 개념은 신앙적인 것과 봉사적인 것을 통합하는 토대가 될 수 있으며, 현대 한국 그리스도인들이 절실히 필요로 하는 신앙과 삶의 일치의 자원이 될 수도 있다.

지금까지 우리는 하나님의 영광에 대한 이냐시오의 개념이 성경적인 근거를 가지고 있다고 주장했다. 우리는 또한 하나님의 (더 큰) 영광에 대한 이냐시오의 개념이 그의 전 생애의 주제이며, 『영신수련』이 인식의 충격을 통해 우리를 변화시킬 수 있음을 분명히 했다. 즉, 하나님의 영광에 대한 이냐시오의 개념은 이냐시오 영성의 핵심적인 특징이다. 우리는 이냐시오의 신비체험 및 『영신수련』에서 탐구된 하나님의 (더 큰) 영광 개념을 가지고, 중세의 영성과 비교하여 발견한 그 저서의 특징을 바탕으로, 이냐시오의 하나님의 (더 큰) 영광 개념이 초기 예수회의 사역에서 예시된 것처럼 개인의 신앙과 사회적 봉사의 의의를 효과적으로 통합한다고 주장하였다.

이제 한국 교회의 전통과 이냐시오의 전통은 대화를 시작할 준비가 되었다. 더욱이 그 주제는 하나님의 영광인 것으로 보인다. 따라서 우리는 개혁주의 전통에 따른 현대 한국 교회의 몇 가지 형성적 배경과 이냐시오 영성 사이의 대화에서 하나님의 영광이라는 주제가 우선적으로 다뤄질 수 있도록 허락할 준비가 충분히 되어 있다. 특히, 이 대담은 이냐시오의 하나님의 영광에 대한 개념이 현대 한국 개신교인들에게 어떻게 생명을 주는 힘이 될 수 있는지를 보여줄 것이다.

그림 하종순

제6장

장 칼뱅과 로욜라의 이냐시오 사이의 대화

이 장에서는 '이냐시오 영성, 특히 이냐시오의 하나님의 (더 큰) 영광에 대한 개념(ISGG)'[1]이 한국 교회에 어떤 활력을 불어넣고 무엇을 풍요롭게 할 수 있을지 그 희망적 가능성을 찾아보고자 한다.

이 목표는 두 가지 방식으로 달성될 것이다. 하나는, 하나님의 영광이라는 주제 아래 현대 한국 개혁교회의 주요한 형성적 배경—즉, 장 칼뱅의 '오직 하나님께 영광(Soli Deo Gloria)'—에 비추어 이냐시오의 하나님의 영광에 대한 이해와 그것 사이의 유사점 및 차이점을 찾아볼 것이다. 이러한 유사점과 차이점을 통해, 어떻게 ISGG가 한국 교회를 활기차고 풍성하게 하는 데 기여할 수 있는지를 설명할 수 있을 것이라 믿는다. 다른 한편으로, 나는 ISGG로 하여금 한국 개신교인들이 처한 시대적 상황과 대화하도록 중재할 것이다.

---

1. 이곳 이후로는 '이냐시오 영성, 특히 이냐시오의 하나님의 (더 큰) 영광에 대한 개념'이라는 표현 대신에 'ISGG'라는 용어를 사용하겠다. 이 용어는 'Ignatian Spirituality, especially Ignatius' concept of the (greater) Glory of God'의 두음문자이다.

A. 장 칼뱅의 오직 하나님께 영광(Soli Deo Gloria)

1. 하나님의 영광에 대한 칼뱅의 정의

로욜라의 이냐시오가 이론적 신학이 아니라 영혼을 돕는 사도적 봉사에 모든 관심을 가졌던 신학자였던 것처럼,[2] 칼뱅은 단순한 조직신학자가 아니라 실천적이고 목회적인 관심이 강했던 열정적인 목회자였다. 칼뱅은 단순한 이론적 질문에는 거의 관심을 보이지 않았다. 로욜라의 이냐시오는 『영신수련』을 "영혼으로 하여금 모든 과도한 집착을 제거할 수 있도록 준비하고 훈련케" 하여 "영혼의 구원을 위한 우리 삶의 성향에서 하나님의 뜻을 찾고 발견"하기 위한 지침서로 설계하고자 했다[1]. 마찬가지로 장 칼뱅은 『기독교 강요』를 체계적인 교리 문서가 아니라, 그리스도인의 삶의 본질인 신자들의 경건을 증진하고 일상생활에서 하나님의 영광을 드러내는 방법을 알려주는 지침서로 만들려고 했다.[3]

칼뱅의 신학 작업에서 실천적이고 목회적인 관심은 전적으로 하나님의 영광을 증진하는 데 있었다. 칼뱅과 이냐시오의 좌우명에는 공통점이 있다. 칼뱅의 모토는 '오직 하나님께 영광(soli Deo gloria)'이었고, 이냐시오의 모토는 '하나님의 더 큰 영광을 위하여(ad majorem Dei gloriam)'였다. 여기서 우리는 이냐시오와 칼뱅 사이에 놀라운 유사점이 있다는 것을

---

2. Hugo Rahner, <u>Ignatius the Theologian</u>, 1-31.

3. 칼뱅은 "프란시스 1세 왕에게 보내는 서한"에서 우리의 삶을 경건하게 변화시키는 것이 『기독교 강요』의 목표임을 분명히 밝힌다.

발견할 수 있다: 하나님의 영광이 이냐시오의 전 생애의 주제였던 것처럼, 칼뱅에게 있어서도 하나님의 영광은 그의 신학 전체를 뒷받침하는 주제였다. 하나님의 영광을 나타내고, 유지하고, 높이는 것은 칼뱅의 중추적인 관심사였으며, 이는 그의 신학 작업을 강력하게 조직한다. 마가렛 마일스(Margaret R. Miles)는 "칼뱅의 신학적 의제는 하나님의 영광을 의식하는 방법에 대한 설명"이라고 정확하게 지적한다.[4] 로마 가톨릭 영성 사학자 루이 부이어(Louis Bouyer)도 칼뱅의 주된 관심사가 하나님의 영광임을 확인하면서 "개신교 영성에 대한 칼뱅의 가장 중요한 공헌은 하나님의 영광, 더 좋게 말하면 기독교의 최종 목적으로서의 하나님의 영광에 대한 그의 개념이었다"고 주장한다.[5]

그러나 이냐시오와 마찬가지로, 칼뱅은 그의 저서에서 '하나님의 영광'이라는 용어를 정확한 정의를 내리지 않은 채 사용했다. 따라서 하나님의 영광에 대한 칼뱅의 개념은 특정한 맥락 안에서 가장 잘 이해될 수 있겠다. 우리는 그의 글을 바탕으로 하나의 일반적인 그림을 그릴 수 있다. 칼뱅에게 하나님의 영광은 자신을 드러내시는 하나님의 위엄을 의미한다. 다시 말해, 하나님의 영광은 "하나님의 임재 안에 있는 영광"이다.[6] 때때로 이 두 용어, 즉 '하나님의 영광'과 '하나님의 위엄'은 서로 바꿔서 사용할 수 있다:

---

4. Margaret R. Miles, "Theology, Anthropology, and the Human Body in Calvin's Institutes of the Christian Religion", Harvard Theological Review 74 (1981): 304.

5. Louis Bouyer, A History of Christian Spirituality, Vol. III (London: Burns & Oates, 1969), 93.

6. John Calvin, Calvin's Commentaries: The Epistles of Paul the Apostle to the Romans and to the Thessalonians, ed. David W. Torrance & Thomas F. Torrance and trans. Ross Mackenzie (Grand Rapids: Wm. B. Eerdmans, 1961), 74 (Rom 3:23).

[하나님]이 [하나님의] 영광을 나타내실 때, 사람들은 죽음의 공포에 눌릴 정도로 놀라고 할 말을 잃게 된다… 인간은 자신을 하나님의 위엄과 비교하기 전까지는 자신의 비천한 상태에 대한 자각에 의해 충분히 감명을 받거나 영향을 받지 못한다.[7]

하나님의 위엄이 다른 모든 고려 사항보다 우선시되어야 하기 때문에 우리의 자존심을 하나님의 영광에 종속시켜야 한다.[8]

하나님은 보이지 않지만, 그분의 위엄은 모든 피조물에서 빛나기 때문에 사람들은 그분을 인정해야 한다.[9]

또한 칼뱅에게, 하나님의 영광은 그분께서 스스로를 우리에게 드러내실 때 인식되는 지혜, 권능, 공의, 사랑, 자비, 선하심과 같은 그분의 속성과 깊은 관련이 있으며, 이는 하나님의 위엄과 광채를 의미한다. 때때로 하나님의 영광은 하나님의 실제 속성 그 자체를 가리키기도 한다:

그분의 권능과 지혜의 영광이 위에서 더 밝게 빛나기 때문에 천국은 종종 그분의 궁전이라고 불린다(Inst 1.5.1).

그들은… 그의 힘을 빼앗아 영광을 박탈한다(Inst 1.4.2).

하나님의 헤아릴 수 없는 지혜와 권능, 공의와 선하심이 우주를 창조할 때 어떻게 빛을 발하는지를 적절한 방식으로 설명한다면, 그 어떤 화려함이나 말의 장식도 그토록 위대한 행위와 같지 않을 것이다(Inst 1.14.21).

---

7. John Calvin, Calvin: Institutes of the Christian Religion (=Inst), ed. John T. McNeill (Philadelphia: Westminster Press, n.d.), 1.1.3. 여기서부터는 본문 안에 번호로 표기.

8. John Calvin, Calvin: Commentaries, ed. & tr. Joseph Haroutunian (Philadelphia: Westminster Press, 1958), 286.

9. John Calvin, Calvin's Commentaries: The Epistles of Paul the Apostle to the Romans and to the Thessalonians, 31 (롬 1:20).

하나님의 영광은 어디에서 우리에게 나타날까? 첫째, 칼뱅에게 하나님의 능력과 지혜와 선하심은 창조세계, 특히 자연의 질서 속에서 드러난다. 하나님의 영광은 그것의 "눈부신 극장"인 세상 속에서 빛을 발한다 (Inst 1.5.8). 둘째, 하나님의 속성은 복음 안에서 더 많이 드러나며, 예수 그리스도의 인격 안에서 가장 온전하게 드러난다. 이는 그리스도께서 아버지 하나님의 완전한 형상이실 뿐만 아니라,[10] 하나님의 용서하시는 사랑이 그리스도 안에서 온전히 드러나기 때문이다.

셋째, 그리스도의 십자가는 하나님의 용서하시는 사랑이 가장 온전히 드러나는 곳이며, 따라서 우리가 구원을 받는 장소이다. 이런 의미에서, 이냐시오와 마찬가지로 칼뱅에게 있어서도 하나님의 영광은 그리스도의 십자가에서 가장 밝게 빛난다:

> 그리스도의 십자가에서는 웅장한 극장에서와 마찬가지로 하나님의 헤아릴 수 없는 선하심이 온 세상 앞에 드러난다. 지위 고하를 막론하고 모든 피조물 속에서 하나님의 영광은 빛나지만, 그 어느 곳에서도 십자가에서보다 더 밝게 빛난 곳은 없었으며, 그 안에서 놀라운 변화가 일어나고 모든 사람에 대한 정죄가 드러나고 죄가 지워지고 구원이 인간에게 회복되었으며, 요컨대 온 세상이 새로워지고 모든 것이 선한 질서로 회복되었다.[11]

---

10. John Calvin, Calvin's Commentaries: The Second Epistle of Paul the Apostle to the Corinthians and the Epistles to Timothy, Titus and Philemon, ed. David W. Torrance & Thomas F. Torrance and trans. T. A. Smail (Grand Rapids: Wm. B. Eerdmans, 1964), 57 (고후 4:6).

11. Ibid., vol. 47, col. 316; Quoted in Leith, 39.

따라서, 하나님의 영광이 주로 하나님의 구속의 은혜 안에서 나타난다고 하는 공통점을 이냐시오와 칼뱅에게서 찾아볼 수 있다.

칼뱅의 하나님의 영광에 대한 개념에 따르면, 어떻게 하나님께 영광을 돌릴 수 있을까? 하나님께 영광을 돌린다는 것은 하나님의 위엄과 광채를 인식하여 그분께 경배와 존귀와 찬양을 드리는 것이다. 한편, 하나님께 영광을 돌리기 위해 하나님의 속성을 인식하려면 하나님에 대한 견고하고 건전한 지식을 파악해야 한다. 하나님에 대한 지식은 하나님께 영광을 돌리는 데에 있어서 필수적인 요소이다:

> 거룩하게 한다는 말의 반대말은 모독한다는 말인데, 이는 사람들이 하나님의 위엄을 잊거나 하나님으로서 마땅히 받아야 할 경외와 존경을 그분에게 표현하지 않을 때 일어난다. 이제 하나님께서 (사람들 사이에서) 거룩하게 되는 영광은 하나님의 지혜, 선하심, 의로움, 능력 및 기타 모든 탁월하심에 대한 사람들의 일반적인 지식에서 비롯되며 그것에 의존한다.[12] 하나님을 아는 지식은 냉철한 사색에 머물지 않고 그분을 공경하는 것을 동반한다(Inst 1,12,1).
>
> 그러므로 하나님에 대한 개념을 형성한 사람들은 그분의 영원성, 지혜, 선하심, 공의 때문에 그분께 찬양을 드려야 한다. 사람들이 하나님의 이러한 속성을 인정하지 않았기 때문에… 그들은 그분의 영광을 악하게 빼앗았다고 말할 수 있다.[13]

---

12. John Calvin, <u>Calvin: Commentaries</u>, 286.

13. John Calvin, <u>Calvin's Commentaries: The Epistles of Paul the Apostle to the Romans and to the Thessalonians</u>, 32 (롬 1:21).

하나님에 대한 지식은 주로 성경에서 얻을 수 있다. 따라서 칼뱅에게 있어서, 성경을 통해 얻은 하나님에 대한 지식을 바탕으로 한 참된 예배는 하나님께 영광을 돌리는 가장 좋은 방법 중 하나이다. 또한 하나님의 영광은 예수 그리스도의 십자가에서 가장 밝게 빛나기 때문에, 하나님께 영광을 돌리는 것은 십자가에서 계시된 하나님의 구속의 사랑을 우리가 감사하게 받아들이는 것이다. 이냐시오와 마찬가지로 칼뱅도 예수 그리스도를 거부하는 것을 하나님을 가장 심각하게 욕되게 하는 행위로 간주한다.[14]

2. 창조, 타락 그리고 하나님의 영광

이냐시오에게 세상이 하나님의 영광의 장엄함으로 가득 차 있듯이, 칼뱅에게도 세상은 하나님의 영광을 반영한다. 그는 우주를 "하나님의 영광의 극장"(Inst 1.5.5)이라고 말하는데, 그 이유는 "우주의 능숙한 질서는 우리에게 하나님의 영광을 반영하는 일종의 거울"(Inst 1.5.1)이기 때문이다. "하나님의 영광의 가시적 표시"[15]를 통해 우주는 창조주이자 모든 피조물의 통치자이신 한 분 하나님이 계시다는 것을 인간에게 가르친다. 따라서 칼뱅은 이냐시오의 '원리와 기초'와 유사한 방식으로 모든 피조물이 인간의 선과 구원을 위해 창조되었음을 지적한다:

---

14. "그분께서 우리에게 주시는 은혜를 거부하거나 그분의 말씀의 권위를 훼손하는 것보다 그분께 더 큰 모욕은 없다." Ibid., 99 (롬 4:20).

15. Diana Butler, "God's visible glory: The Beauty of Nature in the Thought of John Calvin and Jonathan Edwards", Westminster Theological Journal 52 (1990): 19.

그것은 하나님께서 우리의 선과 구원을 위해 모든 것을 예정하셨다는 것을 인식하는 동시에, 우리에게 부여하신 큰 혜택에서 그분의 능력과 은혜를 느끼고, 그래서 [하나님]을 신뢰하고, 부르고, 찬양하고, 사랑하도록 우리 자신을 가장 잘 자극하는 것이다···. 하나님은 창조의 질서를 통해 [하나님]께서 [인간]을 위해 만물을 창조하셨다는 것을 보여 주셨다 (Inst 1.14.22).

이런 의미에서 이냐시오와 칼뱅은 창조의 즉각적인 목적은 인간의 구원을 위한 것이지만, 그것의 궁극적인 목적은 모든 피조물, 특히 인간을 통해 하나님의 이름이 영화롭게 되는 데 있다고 말한다. 웬델(Wendel)은 칼뱅에게 있어 "[창조]의 진정한 최종 목적은 신성한 의지의 모든 표현과 마찬가지로 하나님의 영광에 요약되어 있다"라며 올바르게 결론 내린다.[16]

피조물 중에서 인간은 하나님의 형상대로 창조되었으며, 그 형상의 위치는 영혼에 있다(Inst 1.15.3). 따라서, 영혼은 하나님의 영광의 주요 자리이다. 인간은 하나님의 영광을 담는 그릇이다.[17] 인간은 하나님의 영광을 의식적인 감사의 반응으로 반영하는 능력 덕분에, 말을 하지 못하

---

16. François Wendel, Calvin: Origins and Development of His Religious Thought, trans. Philip Mairet, (Grand Rapids: Bakers Book, 1997), 171.

17. John Calvin, Calvin's Commentaries: The Epistles of Paul the Apostle to the Romans and to the Thessalonians, ed. David W. Torrance & Thomas F. Torrance and trans. Ross Mackenzie (Grand Rapids: Wm. B. Eerdmans, 1961), 213 (롬 9:24). 영혼이 하나님의 형상의 일차적 자리라는 사실이 반드시 영혼만이 하나님의 영광을 비춘다는 것을 의미하지는 않는다. 칼뱅은 "비록 신성한 형상의 일차적인 자리는 정신과 마음, 또는 영혼과 그 능력에 있지만, 인간의 어떤 부분도, 심지어 몸 자체도 불꽃이 빛나지 않는 곳은 없다"라고 강력하게 말한다. Inst 1.15.3을 보라.

는 다른 피조물과 구별된다. 칼뱅은 이렇게 말한다:

> 신이 그것을 나타내셨다는 말은 [인간]이 피조 세계의 관중으로서 만들
> 어졌고, 그들이 그토록 장엄한 형상을 관조함으로써 세상의 창조주인 하
> 나님에게로 인도될 목적으로 눈을 부여 받았다는 것을 의미한다.[18]

따라서 칼뱅에게 있어서 모든 인간은 선하든 악하든 하나님의 영광을
높이는 데 기여해야 한다.[19]

하나님을 영화롭게 하는 것은 모든 인간의 의무이지만, 하나님을 찾
는 마음이 뜨거워지지 않는 한 누구도 하나님을 영화롭게 하려는 열망
으로 불타오를 수 없다. 칼뱅에게 있어, 인간은 타락으로 인해 하나님
의 진노 아래 놓였을 뿐만 아니라 하나님을 영화롭게 할 수 없게 되었
다. 원죄는 인간을 이중의 곤경에 빠뜨렸다. 그는 원죄에 대해 이렇게
글을 쓴다:

> 그러므로 원죄는 우리 본성의 유전적 타락과 부패로 보이며, 영혼의 모든
> 부분에 확산되어 먼저 우리를 하나님의 진노의 대상으로 만들고, 또한 성
> 서에서 '육체의 일'이라고 부르는 일을 우리 안에 낳게 한다. 그[아담]는
> 우리를 유죄로 만들었다고 전해진다. 그러나 형벌이 아담으로부터 우리
> 에게 떨어졌을 뿐만 아니라, 그가 전염시킨 전염병이 우리 안에 있는데,
> 이것은 형벌을 받아 마땅한 것이다(Inst 2.1.8).

---

18. Ibid., 31 (롬 1:19).
19. Wendel, 171.

영혼은 "하나님의 임재"를 잃어버렸고,[20] 따라서 "하나님의 온전한 영
광을 소멸시켰다"(Inst 2.1.4). 그렇기 때문에 "하나님의 영광이 아무리 많
이 빛난다 해도, 그 영광을 진정으로 바라보는 사람은 백 명 중 한 명에
불과하다!"(Inst 1.5.8). 슈라이너(Schreiner)가 지적한 것처럼, 죄는 하나님의
영광을 인식하는 인간의 능력을 타락시켰지만, 하나님의 영광을 반영
하는 자연계를 전멸시키거나 하나님의 창조 목적을 좌절시키지는 않았
다.[21] 하나님의 영광은 여전히 빛을 발하고 있으며, 창조주이신 하나님
은 한 분이라는 것을 계속 가르치고 있다. 따라서 칼뱅에게, 인간은 그
리스도 안에서 거듭나고 성령으로 거듭나야 창조의 목적, 즉 하나님의
영광에 도달할 수 있는 것이다.

3. 칭의, 성화, 영화 그리고 하나님의 영광

칼뱅에게 있어서, 인간이 죄로 인한 이중의 곤경에서 완전히 벗어나
기 위해서는 "값없이 주어지는 화해, 죄의 용서, 칭의"와 "새로운 삶,
영적 쇄신, 성화"라는 "이중적 씻음 그리고/혹은 은총"이 필요하다(Inst
3.3.1). 이 이중의 은총은 그리스도와의 신비로운 연합을 통해 인간에게
선물로 주어지는 것이다. 우리는 오직 그리스도께 참여함으로써 칭의
와 성화를 얻게 된다:

---

20. John Calvin, <u>Psychopannychia</u>, in <u>Calvins' Selected Works vol. 3</u>, ed. & trans. Henry Bev-
    eridge (Grand Rapids: Baker Book House, 1983), 454.
21. Susan E. Schreiner, <u>The Theater of His Glory: Nature and the Natural Order in the Thought
    of John Calvin</u> (Durham: Labyrinth Press, 1991), 5.

그리스도는 하나님의 관대하심으로 인해 우리에게 주어졌다⋯. 그리스
도께 참여함으로써 우리는 이중의 은혜를 받게 된다. 즉, 그리스도의 흠
없음을 통하여 하나님과 화해하게 됨으로써 우리는 하늘의 심판자 대신
자애로우신 아버지를 갖게 되었다. 그리고 두 번째, 그리스도의 영으로
거룩하게 됨으로써 우리는 흠 없고 순결한 생활을 계발할 수 있게 되었
다(Inst 3.11.1).

칼뱅에게 칭의와 성화는 구별되는 것이지만 분리될 수 없다. 변화시키
는 은혜는 의롭게 하는 은혜와 항상 쌍두마차를 이룬다.[22] 칭의는 하나
님 앞에서 한 개인의 신분이 변화하는 것과 관련이 있고, 성화는 개인
내면의 변화와 관련이 있다. 칭의는 그리스도께서 우리를 위해 행하신
일에 달려 있고, 성화는 그리스도께서 우리 안에서 행하시는 일에 달려
있다.[23] 전자는 단번에 이루어지지만, 후자는 이 땅의 삶에서는 완결되
지 않는 점진적이고 지속적인 과정이다.

칼뱅은 칭의를 가리켜 "단지 하나님께서 우리를 의로운 사람들로
서 그분의 호의 안으로 받아들이시는 것"이며 "죄의 사함과 그리스도
의 의의 전이(轉移)"를 특징으로 가지고 있다고 설명한다(Inst 3.11.2). 칭의
는 우리의 행위의 결과가 아니라, 십자가에서 죽기까지 순종하심으로
의를 얻으신 예수 그리스도의 전적인 사역의 결과이다. 따라서 칭의는
우리를 의롭게 만드는 문제라기보다는 오히려 "우리 죄인들이 유일하

---

22. Jonathan H. Rainbow, "Double Grace: John Calvin's View of the Relationship of Justifica-
    tion and Sanctification", Ex Auditu 5 (1989): 102.

23. Lucien Joseph Richard, The Spirituality of John Calvin (Atlanta: John Knox, 1974), 106.

게 의로우신 분과 교제를 갖고 있다는 사실을 바탕으로 하여 [하나님] 께서 내리신 판결"이다.[24] 칼뱅은 칭의를 예수 그리스도의 의로우심이 법적으로 우리에게 전이된 것으로 이해한다. 반면, 중세의 일반적인 영성에서 칭의는 하나의 내적인 변화로 이해되었다. 우리 자신은 여전히 죄인이지만 그럼에도 불구하고 하나님으로부터 의롭다고 선언받았다. 우리는 칭의에 대해 어떤 공로도 주장할 수 없다. 그것은 전적으로 그리스도를 믿는 믿음을 통해 우리에게 주어지는 하나님의 선물이기 때문이다. "우리를 향한 하나님의 자비에 대한 확고하고 확실한 지식"(Inst 3.2.7)으로 정의되는 믿음조차도 우리의 행위가 아니라 하나님께서 거저 주시는 선물이다. 칼뱅은 "우리 중 누구라도 자신을 변호하기 위해 할 말이 조금이라도 남아 있다고 여긴다면, 그 사람은 하나님의 영광을 일정 부분 손상시키고 있는 것"(Inst 3.13.1)이라고 생각한다. 이런 의미에서 칼뱅에게 '오직 믿음으로 말미암는 칭의'는 하나님의 영광을 증진시키는 반면, '행위로 말미암는 칭의'는 하나님의 영광을 감소시킨다. '오직 믿음을 통한 칭의'라는 교리를 주장하고 옹호했을 때, 하나님의 영광은 칼뱅의 주된 관심사였다. 그는 "그 누구도 신성모독을 범하지 않고서는 의의 한 부스러기에 대해서도 자신의 공적을 내세울 수 없다. 왜냐하면 그렇게 하는 것은 하나님의 의의 영광을 엄청나게 깎아내리고 탈취하는 것이기 때문이다"(Inst 3.13.2)라고 주장하고, 오직 믿음을 통한 칭의만이 하나님의 영광에 봉사한다고 말한다(Inst 3.13.1).

---

24. Wilhelm Niesel, The Theology of Calvin, trans. Harold Knight (Philadelphia: The Westminster Press, 1956), 132.

칼뱅에 따르면, 믿음으로 그리스도의 몸에 접붙임을 받는 순간부터 그리스도의 영은 우리 안에 거하시며, "하나님께로 삶을 돌이키는 것", 즉 "외적인 행위뿐만 아니라 영혼 자체의 변화"로 정의되는 회개를 통해 우리의 전 존재를 거듭나게 한다(Inst 3.3.6). 진실한 회개는 두 가지 요소로 구성된다: "육체를 죽이는 것"과 "영을 살리는 것"(Inst 3.3.8), 이 두 가지 모두 그리스도와의 연합, 특히 성령의 역사를 통한 그리스도의 파스카 신비에의 참여로 우리 안에서 일어난다:

> 우리가 진정으로 그분의 죽음에 참여한다면, "우리의 옛사람이 예수와 함께 십자가에" 못 박히고 "죄의 몸이 죽어"[롬 6:6] 본래의 본성의 부패가 더 이상 번성하지 못한다. 우리가 그분의 부활에 참여한다면, 우리는 그 부활을 통해 하나님의 의에 상응하는 새로운 생명으로 살아난다(Inst 3.3.9).

칼뱅에게 있어서, 그리스도께서 우리에게 주신 은혜는 우리가 죄를 짓지 못하게 하는 것이 아니라 죄와 사망의 통치, 즉 우리가 죄와 효과적으로 싸울 수 없게 만드는 죄와 사망의 절대적인 지배를 파괴하는 것이다.[25] 하지만 우리에 대한 죄의 절대적인 통치는 끝났음에도 육신은 여전히 우리 안에 남아 있다. 따라서 칼뱅은 그리스도인의 삶에 대해 "육체가 완전히 죽고 하나님의 영이 우리 안에서 통치하실 때까지 끊임없이 노력하고 훈련하는 것"(Inst 3.3.20)이라고 말한다. '육신의 죽임'과 '영의 살림'은 궁극적으로 하나님의 일이다. 하지만 칼뱅은 하나님의 사역

---

25. Wendel, 244.

에 참여하는 인간의 책임을 무시하지 않는다.[26]

이런 의미에서 칼뱅은 회개를 거듭남으로 이해한다. 성화는 일생 동안 계속되는 거듭남의 과정이다. 성화의 유일한 목표는 하나님의 형상, 즉 거룩함과 본래의 질서를 회복하는 것이다. 성령의 도우심으로 우리는 죽을 때까지 하나님의 형상을 회복하기 위해 더욱더 분투해야 한다. 여기서 우리는 칼뱅이 거룩함을 향한 성장의 사상을 강력하게 지지한다는 것을 알 수 있다.

이러한 하나님의 형상 회복은 질서를 통해 표현될 수 있다. 칼뱅에게 있어 하나님의 형상과 진정한 질서는 서로 바꾸어 쓸 수 있는 개념이다. "우주 또는 [인간], 정부(또는 정치), 무엇이든 간에 그 안의 진정한 질서는 하나님의 영광을 반영하는 것이다."[27] 따라서 하나님의 형상, 즉 잃어버린 질서의 회복은 개인에게만 머무는 것이 아니다. 칼뱅에게 그것은 인간 사회와 자연의 영역도 포함한다. 칼뱅은 무질서를 죄의 결과 또는 징표로 간주한다.

하나님의 형상의 회복은 인간의 목적, 즉 하나님의 영광을 드러내는 것과 직접적으로 연관되어 있다. 우리 안에 하나님의 형상이 회복될수록 우리는 하나님의 영광을 더 많이 드러낼 수 있다. 고린도후서 3장 18절의 강해에서 칼뱅은 이렇게 기록한다:

> [바울]은 거울에 비친 이미지라는 비유를 사용하여 다음의 세 가지 점을

---

26. Randall Gleason, John Calvin & John Owen on Mortification (New York: Peter Lang, 1997), 61.

27. Richard, 112-113.

밝히 드러낸다. 첫째, 우리가 복음에 접근할 때 우리는 불명료함을 두려워하지 않는다. 왜냐하면 복음 안에서 하나님께서는 베일을 쓰지 않은 당신의 얼굴을 우리에게 보여주시기 때문이다. 둘째, 복음 안에서 하나님의 얼굴을 뵙는 것이 열매를 맺지 못하여 죽은 관상이 되어서는 안 된다. 왜냐하면 그것을 통하여 우리는 하나님의 형상으로 변화되어야 하기 때문이다. 셋째, 이들 중 그 어떤 것도 단번에 발생하지는 않는다. 그러나 우리는 계속된 진보를 통하여 하나님을 더욱 알아가게 되고 하나님의 형상과 더욱 일치되어 간다. 이것이 바로 '하나님의 영광으로'라는 말씀의 의미이다… 복음의 목적은 죄에 의해서 상실된 하나님의 형상을 우리 안에 회복하는 것이고, 이 회복은 점진적이며 우리의 전 일생에 걸쳐 계속되는 것이라는 사실을 알아야 한다. 왜냐하면 하나님께서 우리 안에서 조금씩 조금씩 하나님의 영광이 빛나게 하시기 때문이다.[28]

여기서 칼뱅이 하나님의 더 큰 영광을 명시적으로 언급하지는 않지만, 우리는 분명히 이냐시오의 '마지스(magis)'를 엿볼 수 있으며, 하나님의 더 큰 영광에 대한 이냐시오의 개념 중 하나와 거의 동일한 의미를 발견할 수 있다. 이것은 성화에서의 우리의 지속적인 성장과 하나님 나라에서의 우리의 참여 증가를 의미하는 것이다. 칼뱅이 이해하는 성화의 과정은 우리가 아버지 하나님의 영광에 들어가는 종말론적 순간에 완벽하게 성취될 것이다.

---

28. John Calvin, <u>Calvin's Commentaries: The Second Epistle of Paul the Apostle to the Corinthians and the Epistles to Timothy, Titus and Philemon</u>, 50 (고후 3:18).

4. 우니오 미스티카(Unio Mystica) / 그리스도와 하나님의 영광과의 신비로운 연합

칼뱅에게 있어서, 칭의와 성화는 그리스도와의 신비로운 연합 없이 일어날 수 없는데, 이 연합은 칭의와 성화의 이중 은총을 받기 위한 필수적인 조건이기 때문이다. 칭의는 그리스도와의 신비로운 연합의 직접적인 결과이며, 성화는 그것의 지속적인 결과이다. 그렇다면 칼뱅에게 있어서 그리스도와의 신비로운 연합의 본질은 무엇인가? 칼뱅이 보기에 그리스도와의 신비로운 연합은 성령께서 믿음을 통해 일으키시고 우리 안에서 신비롭게 일어나는, 영적이면서도 실제적인 연합을 의미한다. 여기서 칼뱅은 신비에 대한 바울의 이해를 바탕으로, '신비적(mystical)'이라는 용어에 금욕적인 의미를 부여하지 않고, 불가해성을 의미한다고 말한다.[29] 칼뱅은 "독실한 신자들과 그리스도의 은밀한 연합이라는 이 신비는 본질적으로 이해할 수 없다"(Inst 4.17.1)라고 명시적으로 말한다. 그는 이러한 그리스도와의 신비로운 연합을 이렇게 설명한다:

> 그러므로 머리와 지체의 결합, 우리 마음 안에 그리스도께서 내주하는 것, 즉 신비로운 연합은 우리에게 가장 중요한 의미를 부여하여 그리스도께서 우리의 것이 되시어, 그분이 부여하신 은사를 그분과 함께 나누는 사람이 되게 한다. 그러므로 우리는 그분의 의가 우리에게 전이되기 위해

---

29. 고전 2:7, 엡 5:32, 골 1:26-27 등. Jae Sung Kim, "Unio Cum Christo: The Work of the Holy Spirit in Calvin's Theology" (Ph.D. diss., Westminster Theological Seminary, 1998), 134-143을 보라.

우리의 바깥 멀리로부터 그분을 바라보는 것이 아니라, 우리가 그리스도를 입고 그분의 몸에 접붙임을 받았기 때문에, 즉 그분께서 우리를 그분과 하나가 되게 하려 하시기 때문에 그분을 바라본다. 이런 이유로 우리는 그분과 의의 교제를 누리는 것을 영광으로 여긴다(Inst 3,11,10).

그리스도와의 신비로운 연합은 영적인 것이기 때문에 신자와 그리스도 사이의 물질적인 혼합, 혹은 존재론적 동일시를 포함하지 않는다. 오히려 그것은 성령에 의해 이루어지는 영적 교제 또는 친교를 의미하는데, 이는 칼뱅의 요한복음 17장 21절의 해석에 "우리가 그리스도와 하나가 된 것은 그분이 우리에게 그분의 실체를 불어넣기 때문이 아니라, 그분의 영의 능력으로 그분의 생명과 아버지로부터 받은 모든 축복을 우리에게 전달하기 때문이다"라고 분명히 설명되어 있다.[30]

그리스도와의 영적 연합은 우리 전 존재의 거듭남을 가져온다. 이러한 그리스도와의 연합은 계속되는 과정이며, 날마다 깊어진다:

그리스도는 우리 밖에 계시지 않고 우리 안에 거하신다. 그분은 교제의 유대로 우리에게 붙어 있으실 뿐만 아니라, 놀라운 친교를 통해 날마다 우리와 한 몸으로 점점 더 자라나셔서 우리와 완전히 하나가 되신다(Inst 3,2,24).

우리가 그리스도와 점점 더 연합할수록, 우리는 점점 더 거듭나게 된

---

30. John Calvin, Calvin's Commentaries: The Gospel according to St John 11-21 and The First Epistle of John, ed. David W. Torrance and Thomas F. Torrance & trans. T. H. L. Parker (Grand Rapids: Wm. B. Eerdmans, 1961), 148 (Jn. 17:21). 또한 Wendel, 238을 보라.

다. 이를 통해 우리는 하나님의 영광을 향한 열정으로 점점 더 불타오를 수 있다. 그러므로 그리스도와의 신비로운 연합은 그리스도인의 삶에 없어서는 안 될 조건이며 하나님의 영광을 위한 열정의 원천이다.

5. 경건(*pietas*), 그리스도인의 삶, 하나님의 영광

칼뱅은 그리스도인의 삶을 하나님의 영광을 드러내는 삶이라고 설명한다.[31] 하나님께 영광을 돌리려는 열심은 성령으로 거듭난 그리스도인의 삶의 표식이다. "하나님을 영화롭게 하려는 열심이 없는 곳에는 정직함의 가장 중요한 부분이 결여되어 있으며, 그분의 영으로 거듭나지 않은 모든 사람들에게는 이 열심이 없다"(Inst 2.3.4). 그렇다면, 어떻게 해야 우리 삶에서 하나님의 영광을 나타낼 수 있을까? 그것은 칼뱅이 그리스도인의 삶의 핵심으로 여기는 경건의 실천을 통해서이다. 칼뱅은 "그리스도인의 삶 전체가 일종의 독실함[경건]을 실천하는 것이어야 한다. 왜냐하면 우리는 성화를 위해 부름을 받았기 때문이다"라고 말한다(Inst 3.19.2). 그에게 있어 경건은 하나님을 향한 올바른 태도를 의미하는 포괄적인 용어이며, 의로움(righteousness)은 다른 사람들을 대하는 올바른 태도와 관련이 있다.[32] 하나님에 대한 올바른 태도는 참된 지식에 기초를 두고 있으며, 참된 예배로 표현된다.[33] 이는 칼뱅이 경건을

---

31. Richard, 101.

32. Sou-Young Lee, "Calvin's Understanding of *Pietas*", in <u>Calvinus Religionis Vindex</u>, ed. E. Neuser (Kirsville: Sixteenth Century Journal Publishers, 1977), 234.

33. Richard, 101.

"그분의 유익에 대한 지식이 유도하는, 하나님에 대한 사랑과 결합된 경외심"(Inst 1.2.1)이라고 간결하게 정의한 데서 분명하게 드러난다. 하나님을 우리의 아버지이자 주님으로 아는 것이 경건의 기초이자 시작이다. 우리의 아버지이자 주님이신 하나님을 경험하는 일은 우리로 하여금 하나님을 사랑하고 경외하고, 두려워하고 예배하며, 하나님의 영광을 증진하기 위해 주의를 기울이고, 하나님의 계명에 순종하도록 이끈다(Inst 1.2.2). 이것들은 경건의 중요한 요소들이다. 따라서 칼뱅에게 하나님의 영광은 경건을 실천할 때 빛을 발한다.

칼뱅에게 경건은 예수 그리스도 안에서 하나님에 의해 선택된 신자들에게만 주어진다(Inst 1.4.4). 그러나 우리가 그리스도에 참여할 때 우리 그리스도인에게 주어지는 그러한 경건은 이미 만들어진 것이 아니다. 성령에 의한 영혼의 거듭남을 통해 우리는 평생에 걸친 경건의 여정을 시작할 수 있게 된다. 이런 의미에서 그리스도인의 삶은 "경건의 지속적인 연습"인 것이다.[34] 그 결과, 칼뱅은 성화를 "우리 삶의 과정을 통해서, 우리가 소명을 추구하면서 경건 안에서 나아가는 과정"이라고 생각한다.[35]

칼뱅이 보기에 "경건의 지속적인 실천"으로서의 그리스도인의 삶은 그리스도의 모범을 표현해야 하는데, 그 이유는 그리스도가 "우리 앞에 하나의 예시로서 제시되었기 때문"이다(Inst 3.6.3). 여기서 우리는 칼뱅의 그리스도가 단지 외부에 있는 모범이 아니라는 점을 명심해야 한

---

34. Richard, 101.

35. John T. McNeil, "Introduction", in Inst, lx.

다. 그리스도는 우리 안에 계시며, 우리는 매일 실천하고 그리스도와의 신비로운 연합에 참여해야 한다. 그 모범은 우리와 그리스도와의 신비로운 연합의 방향을 결정한다. 그리스도의 모범을 따르는 그리스도인의 삶에는 자기 부인, 십자가를 지는 것, 다가올 삶에 대한 묵상이라는 세 가지 필수 요소가 있어야 한다.

첫째, 자기 부인의 실천은 하나님과 이웃을 향한 두 가지 방향이 있다. 한편으로, 하나님을 향한 자기 부인의 실천은 우리가 주님을 섬기는 데에 모든 힘을 쏟을 수 있도록 우리 자신으로부터 떠나는 것을 의미한다. 다시 말해, 그것은 우리의 의지를 하나님의 뜻에 완전히 복종시키는 것을 의미한다(Inst 3.7.10). 이 완전한 복종을 통해 자기 중심의 자아는 하나님 중심의 자아로 변화되어 모든 이기적인 집착으로부터 영혼의 자유를 얻고 하나님을 향한 영혼의 진정한 개방성을 얻게 된다. 자기 부인은 또한 우리는 우리 자신의 것이 아니라 하나님의 것이라는 사실을 긍정하는 것이다. 따라서 우리는 "앞으로 그분의 영광을 위해서만 생각하고, 말하고, 묵상하고, 행동할 수 있도록"(Inst 3.7.1) 우리 자신을 하나님께 바쳐야 한다. 한편, 칼뱅에게 있어 자기 부인은 진정한 이웃 사랑의 기초이기도 하다. 그는 우리가 자기 부인 없이는 이웃을 진정으로 사랑할 수 없다고 생각한다. 이러한 자기 부인을 통해서만 우리는 다른 사람의 유익을 위해 자신의 유익을 종속시키는 청지기 직분을 실천할 수 있다(Inst 3.7.5). 따라서 이웃 사랑은 두 가지 방법으로 길러진다.[36] 첫째, 우리의 재능과 소유가 하나님께서 거저 주시는 선물이라는

---

36. Gleason, 63.

사실을 기억할 때 비로소 우리는 진정으로 자유롭게 다른 사람을 섬길 수 있다. 둘째, 이웃 사랑은 인간의 방식에 의존하는 것이 아니라 모든 사람 안에 있는 하나님의 형상을 바라보는 것이다(Inst 3.7.6). 이웃에 대한 섬김의 관점에서 본 칼뱅의 자기 부인 개념은 자기 공로를 내세울 공간을 허용하지 않는다. 오히려 진정한 이웃 사랑을 통해 하나님의 영광을 드러내는 것이 유일한 관심사이다.[37]

여기서 우리는 칼뱅과 이냐시오의 또 다른 유사점을 발견할 수 있다. 칼뱅의 자기 부인의 개념은 이냐시오의 초연의 개념과 매우 유사하다. 앞서 언급했듯이, 이냐시오는 초연을 우리의 마지막 목적, 즉 하나님의 영광에 집중하려는 의지의 근본적인 내적 성향이라고 생각했다. 마찬가지로 칼뱅에게 있어 자기 부인의 내적 성향은 하나님의 영광을 위해 자신을 하나님께 온전히 헌신하는 것을 의미한다.

둘째, 칼뱅이 말하는 십자가는 단련, 징계, 박해를 통해 경험된다. 십자가의 단련은 일상적인 삶의 고난을 통해 하나님만 의지하여 안전을 얻도록 우리를 훈련시킨다. 때때로 하나님의 손에 의해 내려지는 특별한 징계는 "과거의 허물을 바로잡아 그분께 합법적으로 순종하도록 우리를 지키기 위해"(Inst 3.8.6) 고안된 것이다. 십자가는 또한 하나님께서 특별한 명예를 부여하시는 의를 위한 핍박으로 경험된다.[38] 칼뱅에게 고난은 그 자체로서 아무런 가치가 없다. 그는 그리스도의 수난과 관련하여 고난에 대해 말한다. 우리가 그리스도를 위해 그리고 그리스도와

---

37. Richard, 124.
38. Ibid., 65-66.

함께 고난을 받을수록 그분과의 친교는 더욱 강화된다. 따라서 그리스도의 고난에 동참하는 것은 우리가 그리스도와 연합되었음을 보여주는 진정한 표징이다.[39] 칼뱅에게 그리스도와의 연합은 하나님의 영광을 향한 열심의 원천이기 때문에, 그리스도의 고난에 참여하는 것은 우리가 그리스도와 연합할 뿐만 아니라 하나님께 영광을 돌린다는 진정한 표징이다. 그러므로 이냐시오와 마찬가지로 칼뱅에게 있어서도 하나님의 영광은 그리스도를 위해, 그리고 그리스도와 함께 겪는 고난에서 드러난다.

셋째, 그리스도인은 다가올 생에 대한 묵상을 실천해야 한다. 칼뱅은 이렇게 적었다: "어떤 종류의 환난이 우리를 압박하든, 우리는 항상 이 목적을 바라보아야 한다: 현재의 삶에 대한 경멸에 익숙해지고 그로 인해 미래의 삶에 대해 명상하도록 깨어나는 것이다"(Inst 3.9.1). 칼뱅은 우리에게 현재의 삶을 경멸하고 미래의 삶을 묵상하라고 촉구한다. 그렇다면 칼뱅에게 있어서 이 세상에서의 우리 삶의 의미는 무엇일까? 그가 강조하는 미래의 삶에 대한 명상이 반드시 세상으로부터의 도피를 조장하는 것은 아니다. 오히려 그것은 이 세상에서 우리 삶의 진정한 의미와 가치를 느낄 수 있게 해준다. 또한 그리스도의 제자로 살아가도록 끊임없이 영감을 주고 모든 고난과 핍박을 견딜 수 있는 힘을 주는 희망의 원천이 될 수 있다. 따라서 칼뱅에게 있어서 미래의 삶에 대한 묵상은 이 세상을 야수처럼 사랑하는 우리의 자연스러운 성향에서 벗어나 우리의 게으름을 떨쳐 버리는 가장 적합한 수단이다(Inst 3.9.1). 다시

---

39. Wendel, 250.

말해, "우리가 하늘나라의 영광을 위해… 준비가 되었음을"(Inst 3.9.3) 성찰하는 것은 우리가 헛된 영광을 추구하지 않고 오직 하나님의 영광만을 추구하도록 돕는 가장 적합한 수단이다.

B. 칼뱅과 이냐시오의 하나님의 영광에 대한 개념의 차이점

지금까지 우리는 하나님의 영광에 대한 장 칼뱅의 개념을 살펴보고 칼뱅과 이냐시오의 하나님의 영광에 대한 이해에서 몇 가지 유사점을 발견했다. 이제 몇 가지 차이점을 살펴보고자 한다. 이러한 차이점들이 모순이 아니라 상호 보완적이거나 양립 가능한 것으로 드러날 경우, 서로를 풍성하게 하는 역할을 할 수 있다. 이러한 이유에서, ISGG가 장 칼뱅의 영성과 하나님의 영광에 대한 그의 이해, 그리고 보수적인 칼뱅주의 전통을 이어온 한국 개신교회를 풍성하게 하는 데에 무엇을 기여할 수 있는지를 그 둘의 유사점보다는 차이점에서 더 많이 찾을 수 있다고 생각한다.[40]

이냐시오의 영적 격언인 '하나님의 더 큰 영광을 위하여(*ad majorem Dei gloriam*)'는 하나님의 영광에 대한 장 칼뱅의 이해를 풍성하게 해준다. 이냐시오가 평생 추구한 것은 단지 하나님의 영광일 뿐만 아니라 더 큰

---

40. 이 둘의 차이가 가져올 수 있는 풍요로움은 분명히 상호적이다. 이것은 흥미로운 연구 분야인 듯하지만, 본서의 범위를 벗어난다. 이는 추후 연구에서 더 자세히 살펴볼 만하다. 여기서 우리의 관심은 이냐시오의 영성이 칼뱅의 영성을 풍성하게 하는 데 어떤 기여를 할 수 있는지에 있다.

하나님의 영광이다. 이냐시오는 하나님의 더 큰 영광의 참된 의미를 펼쳐 보임으로써 하나님의 영광에 대해 새로이 확장된 지평을 열었다. 앞서 지적했듯이, 이냐시오에게 '하나님의 더 큰 영광을 위하여'는 성화의 지속적인 성장과 하나님 나라에 대한 참여의 증가, 영분별의 기술적 핵심 원리, 하나님의 영광을 위해 무엇이든 할 준비가 되어 있는 내적 성향을 의미한다. 옹(Ong)이 정확하게 지적했듯이, '하나님의 더 큰 영광을 위하여'는 공적인 선포를 위한 모토가 아니라 우리 내면의 깊은 곳에 있는 무언가와 관련된 지침이며, 우리 내면의 결단 직전에 적용되는 것이다.[41] 칼뱅은 하나님의 더 큰 영광을 명시적으로 표현한 적이 없다. 그럼에도 불구하고, 하나님의 더 큰 영광에 대한 이냐시오의 개념 중 하나인 성화 안에서의 지속적인 성장과 사도적 봉사를 통한 하나님 나라에 대한 우리의 증가하는 참여는 칼뱅의 성화에 대한 이해 속에 함축되어 있다. 고후 3:18의 강해에서 칼뱅은 우리 안에서 하나님의 형상이 회복되는 성화는 "하나님께서 자신의 영광을 우리 안에서 조금씩 비추게 하시기 때문에, 우리의 전 생애 동안 점진적으로 계속된다"고 해석한다.[42]

그러나 칼뱅은 이냐시오의 더 넓은 의미와 관련하여 하나님의 더 큰 영광에 대한 개념을 정교하게 설명하지 않았다. 따라서 사도적 분별의 원리와 하나님의 영광을 위한 것이라면 무엇이든 준비되어 있는 내적

---

41. Walter J. Ong, "A.M.D.G.': Dedication or Directive?" Review for Religious 11 (1952): 257-264.

42. John Calvin, Calvin's Commentaries: The Second Epistle of Paul the Apostle to the Corinthians and the Epistles to Timothy, Titus and Philemon, 50.

성향에 초점을 맞추는 것은 하나님의 영광에 대한 칼뱅의 이해를 이러한 영역으로 확장하여 풍성하게 하는 데 기여할 수 있다.

또한, ISGG는 그리스도와의 신비로운 연합의 영역에서 장 칼뱅의 영성을 풍성하게 할 수 있다. 이냐시오와 칼뱅은 모두 성령의 역사에 의한 믿음을 통해 우리 안에서 일어나는 그리스도와의 신비로운 연합에 대해 이야기한다. 그러나 그리스도와의 신비로운 연합과 관련하여 그리스도인이 세상에서 하나님을 섬기는 것에 대해 말할 때 이냐시오는 칼뱅과 다르다. 이냐시오는 하나님의 영광의 지붕 아래서 하나님과의 연합과 사도적 봉사를 통합한다. 그 결과 모든 것에서 하나님을 찾는 열매를 맺는다. 이냐시오가 만레사와 카르도넬 강변에서 신비로운 체험을 통해 이해한 하나님 영광의 삼위일체적 순환 운동은 이러한 통합의 기초가 된다. 하나님의 영광의 삼위일체적 순환 운동의 관점에서 볼 때, 그리스도인이 세상에서 하나님을 섬기는 것은 단순한 행동주의가 아니라 하나님과의 또 다른 형태의 연합이 된다. 이냐시오에게는, 영혼 한가운데서의 하나님의 활동과 세상 한가운데서의 하나님의 활동은 분리될 수 없다. 그리스도와의 연합은 하나님 나라를 전파하기 위해 그리스도와 함께 일하고, 고난당하는 것으로 구성된다. 따라서, ISGG는 세상 속에서 하나님을 섬기는 우리의 봉사에 신비적 차원을 제공하는 자원이 될 수 있다.

이냐시오와 마찬가지로 칼뱅의 영성은 세상을 긍정하는 영성 또는 세상을 변혁하는 영성이다. 칼뱅은 그리스도인이 세상에서 하나님을 섬기는 것의 중요성을 강조하는 것을 게을리하지 않는다. 폴 정(Paul

Chung)은 "칼뱅의 영성은 하나님의 말씀에 비추어 세상을 변혁하기 위한 영성으로 이해될 수 있다"라고 바르게 지적하며, 칼뱅의 윤리는 '문화의 변혁자 그리스도'를 예시한다고 말한다.[43] 세상에서 하나님을 섬기는 그리스도인의 봉사에 대한 칼뱅의 이해는 그리스도와의 연합의 성장과 분리되어 있지 않다. 탐부렐로(Tamburello)가 정확하게 지적했듯이, "칼뱅은 그리스도와의 연합이 우리 서로의 관계에 반드시 영향을 끼쳐야 한다는 것을 분명히 한다."[44] 즉, 우리가 세상에서 하나님을 섬기는 것은 그리스도와의 연합의 필수 불가결한 결과이다. 그럼에도 불구하고 칼뱅에게 있어서, 그리스도인들이 세상에서 하나님을 섬긴다는 것은 하나님과의 연합의 또 다른 형태가 아니라, 기독교 윤리의 한 부분으로 존재하는 것이다. 다시 말해, 거기에는 신비로운 차원이 없다. 여기서 우리는 ISGG가 칼뱅의 영성을 풍성하게 하는 데 기여할 수 있는 영역을 발견할 수 있다. 그것은 세상에서 하나님을 섬기는 일에 대한 칼뱅의 이해에 신비적 차원을 제공할 수 있다.

그다음, ISGG는 칼뱅의 영성에서 복음주의적 열정을 강화하는 데도 도움이 될 수 있다. 오말리(O'Malley)는 바울이 우리 사회의 사역을 모범적으로 보여준다는 나달(Nadal)의 개념을 바탕으로, "루터는 바울에게서 [오직 믿음으로 의롭게 된다는] 신학적 또는 교리적 격언을 추출한 반면, 로욜라와 그의 동료들은 사역의 본보기를 비롯한 구주와의 애정 어

---

43. Paul Chung, Spirituality and Social Ethics in John Calvin: A Pneumatological Perspective (Lanham: University Press of America, 2000), 154.

44. Dennis E. Tamburello, Union with Christ: John Calvin and the Mysticism of St. Bernard (Louisville: Westminster John Knox, 1994), 98.

린 동일시에 대한 모범을 바울 안에서 보았다"고 지적한다.[45] 루터가 바울에게서 신학적 격언을 추출했다고 해서 루터에게 실천적 또는 목회적 관심이 전혀 없었다는 의미는 아니지만, 루터는 바울의 교리적 가르침에, 이냐시오는 바울의 복음적 열심과 사역에 더 초점을 맞췄다고 보는 것이 합리적일 것이다.

또 다른 차이점은 영성 또는 경건에 대한 칼뱅과 이냐시오의 접근 방식에서 찾을 수 있다. 앞서 언급했듯이, 칼뱅에게 하나님의 영광은 경건의 실천을 통해 드러난다. 경건의 실천을 돕기 위해 칼뱅은 교리적인 접근 방식을 채택했다. 이것이 그가 『기독교 강요』를 저술한 이유이다. 리처드(Richard)는 칼뱅이 교리적인 접근법을 채택한 이유를 올바르게 설명한다:

> 칼뱅은… 지식과 영성을 통합했다. 에라스무스나 다른 인문주의자들과 마찬가지로 그는 이 두 가지를 교리(*pia doctrina*)와 영성(*docta pitetas*) 안에서 연결했다…. 칼뱅은 지식이나 교리와 무관하게 존재하는 신비주의 신학을 인정하지 않았다. 경건은 교리를 판단하는 기준이 되었으며, 청중의 영적 진보를 목적으로 하지 않는 교리는 경건하지도 건강하지도 않았다. "교리가 없는 곳에는 교회도 없는 것이다."[46]

한편, 이냐시오는 모든 신자들이 진정한 영성 또는 경건을 더 널리 누릴 수 있도록 하기 위해 체험적이고 형성적인 접근 방식을 채택했다.

---

45. John O'Malley, "Early Jesuit Spirituality: Spain and Italy", 19.
46. Lucien Joseph Richard, The Spirituality of John Calvin, 129.

이냐시오가 쓴 『영신수련』은 이러한 접근법을 위한 그의 노력을 대변한다. 이냐시오와 초기 예수회는 다른 신자들이 진정한 경건을 실천할 수 있도록 돕기 위한 몇 가지 도구를 개발했다. 영신수련과 영성지도가 바로 그러한 도구였다. 피정과 영성지도가 이냐시오와 초기 예수회가 창안한 것은 아니지만, 오말리가 지적한 것처럼 피정에 새로운 생명과 색채를 부여했다:

> 피정 중인 누군가를 지도해 달라는 요청을 받는 예수회 회원은 그에게 기대되는 것이 무엇인지 알고 있었고, 그에 따라 준비된 계획을 가지고 있었다. 이렇게 해서 기독교 영성의 새로운 시대가 열렸고, 많은 종교인들이 정기적인 피정을 통해 경건의 패턴을 따르는 것이 일반화되었다.[47]

칼뱅은 경건에 더 초점을 맞춘 반면, 이냐시오는 신자들이 자유 안에서 성장하고 분별력 있는 마음을 키우도록 돕는 방법, 즉 하나님의 영광을 위해 더 헌신하도록 돕는 방법에 더욱 초점을 맞췄다. 이런 의미에서 이냐시오의 영성에 대한 경험적이고 형성적인 접근은 경건의 성장에 있어서 방법의 영역을 강화함으로써 칼뱅의 교리적 접근을 풍성하게 하는 데 기여할 수 있다. 영신수련은 상황에 맞게 적용되어야 하며, 이냐시오 자신도 이러한 유연성의 정신을 지지했다. 많은 개신교 신자들이 이냐시오 피정과 영성지도를 통해 영성 생활에 큰 활력을 얻게 되었다는 사실은 영신수련의 공헌을 확인시켜 준다. 조이스 휴젯(Joyce Huggett)

---

47. John O'Malley, "Early Jesuit Spirituality: Spain and Italy", 22-23.

은 "이냐시오 영성이 개신교 신자들을 매료시키는 이유"를 몇 가지로 설명하면서 다음과 같이 결론을 내린다:

> 이냐시오 영성이 많은 개신교 신자들의 영적 성장에 중요한 역할을 하고 있다는 것은 의심할 여지가 없다. 모든 교파의 그리스도인들은 하나님을 알 수 있는 방법을 알려달라고 간청하고 있다. 이냐시오 영성은 모든 것에서 하나님을 발견하고 상상력을 발휘하는 관상을 강조하며, 존재의 핵심에서 하나님을 만날 수 있는 좋은 방법을 제공한다.[48]

이 말이 옳다면, 이냐시오 피정과 영성지도는 신자들의 영적 성장을 어떻게 도울 것인가에 대해 고민해 온 한국 교회에 큰 도움이 될 수 있다.

마지막으로, 이냐시오에게 하나님의 영광은 영분별과 깊은 관련이 있다는 사실에서도 차이점을 볼 수 있다. 칼뱅과 이냐시오는 모두 하나님의 뜻에 순종하는 것이 그리스도인의 삶의 기본임을 보여주었다. 그러나 칼뱅은 분별을 위한 특별한 지침을 자세히 설명하진 않았다. 반면, 이냐시오는 개인의 도덕적 결정이 단순히 일반적인 윤리적 규범 원칙의 한 사례가 아니라고 전제했다. 그는 일반적인 규범 원리만으로는 유추할 수 없는 하나님의 구체적이고 특별한 뜻을 알 수 있다고 생각했다. 그렇다면 우리가 처한 구체적인 상황에서 어떻게 하나님의 뜻을 찾을 수 있는가, 즉 무엇이 하나님의 영광에 더 도움이 되는가 하는 문제가 생기게 된다. 이냐시오는 하나님의 개별적인 뜻을 발견하는 최초의

---

48. Joyce Huggett, "Why Ignatian Spirituality Hooks Protestants", The Way Supplement 68 (1990): 31.

공식적이고 체계적인 방법인 '영분별을 위한 규칙'에서 이 질문에 답한다. 이런 점에서, 이나시오 영성은 우리의 일상에서 하나님의 현존을 더욱 깊이 인식할 수 있는 지침을 제공함으로써 한국 개혁교회의 칼뱅주의 전통을 더욱 풍성하게 하는 데 기여할 수 있다.

맺음말

지금까지 로욜라의 이나시오와 장 칼뱅을 탐구하여 하나님의 영광에 대한 올바른 이해의 길을 찾았다. 이제 하나의 질문이 남는다. 이들 안에서 발견한 하나님의 영광 이해가 어떻게 한국 교회와 그리스도인들이 상실한 신앙과 삶의 일치, 복음의 해방적 능력과 영적 활력, 사회적 공신력을 회복하도록 도움을 줄 수 있겠는가? 이 질문에 응답함으로써 본서의 하나님의 영광 이해의 탐구 여정을 끝맺고자 한다.

전후(戰後) 이례적인 급성장을 경험했던 한국 교회는 임박한 하나님 나라를 바라는 종말론의 신실한 옹호자였지만, 동시에 현생의 안위를 추구하는 세속주의적 모습을 띠기도 하였다. 이 낯선 이종(異種)의 합은 세속적이면서도 종말론적이며 종말론적이면서도 철저히 세속적인, 오늘날까지도 한국 교회에 특징적인 한 가지 영성의 싹을 틔웠다. 교회의 양적 성장에는 '가이사의 것'들이 따라왔는데, 예언자적 차원의 개입이 필요한 이러한 '세상의 일'들 중 몇몇은 때로 '성공'이라는 속세의 안락을 보장해 주었고 교회는 이것을 어떤 식으로든 해석해 내야만 했다. 가장 쉬운 적응의 방법은 편승이었다. 교회는 성장만을 최고의 목표로 삼았던 한국 사회의 현대화, 산업화의 철학을 변화시키기보다는 그것과 동일한 철학을 채택했다. 많은 목회자들은 대부분 교인의 양적 성장만을 목회의 최고 목표로 삼았다. 이 최고의 목표를 달성하기 위해 목회자들은 사회 봉사, 개인의 영적 성장, 제자 훈련 등을 희생하면서까지 교회의 모든 에너지와 자원을 교인 수를 늘리는 데 쏟았다. 이들은 계속되는 정치적 혼란으로 두려움과 불안을 느낀 한국인들에게 이 세상에 이미 있고, 또 내세에 있을 하나님의 보호를 강조함으로써 교인들의 세속적-종말론적 안도감을 도모했다. 이는 하나님이 주시는 이 세상의 물질적 축복을 강조하는, 이른바 '긍정의 힘'을 기르도록 지지하고 격려하는 번영의 복음과 승리주의로 이어졌다. 교회는 당대의 권력이 표방했던 것과 동일한 철학을 채택함으로써 특수한 상황에 현명하게 대응하며 그 세력이 폭발적으로 성장했다. 그러나 한국 교회는 혼돈의 시대를 관통하며 스스로 증명해 내었던 예언자적 영성의 힘과 복음의 해방 능력만 아니라 그에 따른 공신력을 잃게 되었다.

세속적 성공주의로서의 승리주의를 치유하기 위해서는 한국 교회가 하나님의 영광과 십자가의 도에 대한 참된 이해로 인도되어야 한다. 우리가 앞서 살펴본 이냐시오의 하나님의 영광에 대한 개념은 하나님의 영광과 십자가의 도에 대한 참된 이해의 필요를 충족시키는 데 적절한 자료가 될 수 있다. 한국 교회에, 성공적인 사역과 그리스도인의 세속적 성취는 하나님의 능력의 표징이자 상징이며 하나님의 영광을 드러내는 주요 수단이다. 그러나 이냐시오는 하나님의 영광이 주로 외형적인 성공을 거두는 데 있지 않다고 생각했다. 이냐시오의 삶에서 볼 수 있듯이, 세속적인 문제와 영적인 영역에서조차 외형적인 성공을 추구하는 것은 하나님의 영광을 가장한 헛된 영광의 한 형태일 수 있다. 칼 라너가 정확하게 지적했듯이, "교회에서 봉사하면서 루시퍼의 속임수에 넘어가지 않으려면 외적인 성공을 크게 기대하지 않는 것이 좋다."[1] 이냐시오에게 하나님의 영광은 인간과 우주를 위한 하나님의 구원 사업에서 빛을 발한다. 그의 전 생애는 십자가에 못 박히신 그리스도와 함께 세상에서 수고하고 고난 받으면서 명예와 세속적 성공으로부터 하나님의 영광을 향해 변화해 가는 여정이었다. 많은 눈을 가진 뱀의 정체를 알아차린 데서 알 수 있듯이, 십자가는 이냐시오에게 큰 깨달음의 원천이 되었으며 헛된 영광의 악덕에 대한 해독제는 십자가에서 죽으신 그리스도의 겸손이었다. 이냐시오가 선택한 십자가의 어리석음은 언제나 가난하고 겸손한 그리스도의 선택이었고, 이는 하나님의 영광을 위한 그리스도의 사명과 연관되어 있기 때문에 십자가를 지는 이냐시오의 방식은 우리를 소위 희생제물 신비주의의 영역이 아니라 사도적 봉사의 신비주의로 인도한다. 이냐시오 신비주의는 아버지 하나님의 영광을 위해 십자가의 깃발 아래서 사도적 봉사를 하는 신비주의이다. 따라서 이냐시오의 하나님의 영광 개념은 한국 교회를 성경에 근거한 하나님의 영광에 대한 참된 이해로 인도할 수 있으며, 하나님의 영광을 나타내기 위해 성공주의로서의 승리주의가 아닌 십자가의 길을 선택하도록 도울 수 있다. 이러한 십자가의 길 선택은 교회의 공동체성을 강화하고, 복음의 해방적 능력으로 가난하고 소외된 이들과 강력하게 연대했던 한국 교회의 초기 전통을 회복할 수 있다.

---

1. Karl Rahner, Spiritual Exercises, 177.

교회는 세상에 대한 애착을 세상으로부터의 거리 두기와 긍정적으로 통합해야 한다. 이냐시오의 영적 격언인 '초연'은 그러한 통합을 위한 자원이 된다. 이냐시오는 우선 자기 포기를 초연의 출발점으로 받아들인다. 즉, 우리 자신을 초연하게 만드는 것은 피조물에 대한 모든 과도한 집착을 없애기 위해 생을 버리는 것에서 시작된다[1]. 이것은 세상으로부터 비판적으로 분리되는 과정이다. 그러나 초연을 강조하는 것은 초연 그 자체를 위해서가 아니라 하나님의 영광에 더 도움이 되는 것을 올바르게 선택할 수 있게 되기 위해서이다. 따라서 초연은 자기 포기나 세상으로부터의 비판적 분리를 넘어 하나님의 더 큰 영광을 위해 모든 피조물을 이용하는 것이다. 세상으로부터의 비판적 분리는 하나님의 더 큰 영광을 위한 세상에서의 봉사, 즉 세상에 대한 창조적 애착으로 이어져야 한다. 이냐시오의 초연의 영적 격언은 세상으로부터의 분리와 세상에 대한 애착의 통합을 포용하는데, 따라서 이냐시오의 초연은 모든 피조물과의 관계에서 우리 주 하나님의 더 큰 영광과 섬김에 대한 고도로 정제된 감수성과 열렬한 열망이다. 이냐시오적 초연은 한국 교회로 하여금 세상으로부터 분리된 초기 초연의 단계에서 벗어나 하나님의 더 큰 영광을 위해 세상 속에서 사도적 봉사를 하는 절정의 초연의 단계로 나아가는 데 도움을 준다.

이에 더불어, 한국 교회는 그리스도인의 일상생활에서 영성훈련을 강화해야 한다. 이를 통해 신자들이 신앙과 일상을 통합한 성숙한 그리스도인으로 영적 성장을 할 수 있을 것이다. 또한 구원, 성결, 회심에 대한 기존 이해의 지평을 넓혀야 한다. 이냐시오의 하나님의 영광 개념은 이러한 점에서 한국 교회에 생명을 주는 힘이 될 수 있다. 이냐시오 영성은 신자들로 하여금 기도뿐만 아니라 실천을 포함한 모든 것에서 하나님의 영광을 보게 해준다. 이냐시오의 영적 격언인 '모든 것 안에서 하나님 발견하기'와 '행동의 한복판에서 관상하기'는 신자들이 신앙과 일상을 통합하는 데에 있어서 핵심적인 요소들이다. 또한 이냐시오는 신자들로 하여금 일상생활에서, 가난하고 겸손한 그리스도를 따르고 모든 것에서 하나님을 발견하도록 돕는 구체적인 방법을 제시한다. 이런 의미에서 영신수련과 영성지도의 사역은 한국 교회를 새롭게 하고 활력을 불어넣는 데 큰 도움을 줄 것이라고 기대된다. 이 사역은 또한 개인과 하나님과의 지속적인 관계를 심화시키는 데 기여할 수 있다. 특히 매일의 성찰과 영분별은 한국 그리스도인들의 영적 감수성을 일깨워 일상 속에서 하나님의 임재를 느낄 수 있게 하고, 일상에서 하나님의 뜻을 찾는 방법론을 제공함으로써 신앙과 기도, 일상을 통합하는 데 도움을 주는 영적 자원이 될 것이다.

특히, 이냐시오의 하나님의 영광 개념은 칼뱅의 사상에 기반한 개혁주의 교회의 구원 개념의 지평을 넓히는 데에도 기여할 수 있다. 이들 교회는 주로 '오직 믿음으로 말미암는 칭의'를 구원으로 강조해 왔기 때문에, 성화도 구원의 필수 요소로 강조한다. 그러나 이냐시오는 하나님 나라를 전파하는 그리스도의 선교에 참여하는 것과 하나님 나라의 삶을 사는 것, 즉 우리의 성화를 동등하게 강조했다. 선교와 성화는 하나님의 영광이 빛나는 동등한 특권의 두 영역이다. 이는 예수회의 모토인 '하나님의 더 큰 영광을 위하여'의 의미에서 분명히 알 수 있다.

이 의미는 성화의 지속적인 성장과 함께 잃어버린 자들을 하나님 나라로 인도하는 그리스도의 사명에 대한 우리의 지속적인 참여를 의미한다. 1540년 예수회 헌장에 "그리스도인의 삶과 교리에서의 영혼의 진보와 신앙의 전파를 위하여"라고 기술된 예수회의 원래 목적은 이러한 성화와 선교의 통합을 명시적으로 표현하고 있다. 따라서 이냐시오의 하나님의 영광 개념은 교회가 구원의 개념을 확장하고 오직 믿음으로 말미암는 칭의와 성화를 균형 있게 강조한다. 이는 또한 개혁교회의 전통, 즉 장 칼뱅이 칭의와 성화를 동등하게 강조한 전통을 회복하는 데 기여할 것이다.

또한 이냐시오의 하나님의 영광 개념은 한국 교회의 성결에 대한 이해를 풍부하게 할 수 있다. 성결은 "영을 사로잡는 황홀한 경험, 또는 성소에 국한된 경험, 또는 고독한 기도의 달콤한 시간"으로 이해되는 경향이 있다.[2] 이러한 성결의 개념은 신앙과 일상생활의 분리를 반영한다. 한국 교회는 실천의 영역을 성결의 본질적 요소로 받아들이는, 성결에 대한 새로운 이해로 신자들을 인도해야 한다. 이냐시오의 성결에 대한 이해에서 신앙과 일상은 분리될 수 없다. 그는 성결을 주로 하나님의 영광을 위한 삼위일체 운동에 참여하는 것으로 보았다. 거룩은 모든 피조물을 아버지 하나님께 돌려드리기 위해 십자가에 못 박히신 그리스도와 함께 수고하고 고난 당하는 데에 있다. 이냐시오에게 성결의 행위는 세상에서 하나님을 섬기기 위해 그리스도를 위한 바보가 되는

---

2. Chai-Sik Chung, "Global Theology for the Common Good: Lessons from the Two Centuries of Korean Christianity", 532.

것으로 표현된다. 즉, 그의 성결 방식은 목회와 선교 활동을 위해 먼 곳으로 이동하고 기도와 실천을 통합하는 행동의 한복판에서 관상하기에 자리 잡고 있다.

마지막으로, 이냐시오의 하나님의 영광 개념은 두 가지 측면에서 한국 교회의 회심에 대한 이해를 확장시킬 수 있다. 이냐시오는 회심을 단회적 또는 일시에 일어나는 사건이 아니라 현재 진행 중인 사건으로 이해한다. 이냐시오 자신의 회심 과정이 이러한 지속성을 보여준다. 로욜라의 병상에서 첫 번째 회심을 경험했던 이냐시오는 만레사에서 더 깊은 회심이라고 할 수 있는 두 번째의 회심이라고 할 수 있는 급진적인 변화를 경험했다. 앞서 언급했듯이, 이냐시오는 만레사에서의 시간을 '카리스마 넘치는 초대 교회'로 묘사했다. 이러한 언급에는 두 가지 의미가 있다. 첫째, 만레사에서의 변화는 그의 영성과 사도적 사역의 기초가 되었다. 둘째, 그의 회심과정은 거기서 멈추지 않고 그의 삶 전체를 관통했다. 그의 회심은 평생 동안 계속된 과정이었다. 진행 중인 사건으로서의 회심에 대한 이해는 한국 교회가 회심을 일회적이거나 한꺼번에 이루어지는 사건으로 이해하는 것을 보완할 수 있으며, 신자들로 하여금 우리의 신앙 여정을 하나님과의 더욱 깊고 성숙한 관계로 나아가는 지속적인 영적 여정으로 이해하도록 돕는다.

결론적으로, 이냐시오의 하나님의 영광 개념은 승리주의, 신앙과 삶의 불일치, 복음의 해방적 능력과 영적 활력의 상실, 사회적 공신력의 상실 등 교회의 양적 성장 중심주의가 낳은 한국 교회의 부작용에 대처할 수 있으며, 이 부작용들은 현재 한국 교회가 직면한 위기의 본질적 요소이다. 이냐시오의 하나님의 영광에 대한 올바른 통찰은 한국 교회가 보다 성숙한 존재로 성장할 수 있게 함으로써 교회에 생명을 불어넣는 힘이 될 것이다.

하나님의 영광이란
무엇인가?
로욜라의 이냐시오와
장 칼뱅에서 길을 찾다

초판인쇄 2024년 12월 06일
초판발행 2024년 12월 06일

지은이 최승기
그린이 하종순
펴낸이 채종준
펴낸곳 한국학술정보(주)
주 소 경기도 파주시 회동길 230(문발동)
전 화 031-908-3181(대표)
팩 스 031-908-3189
홈페이지 http://ebook.kstudy.com
E-mail 출판사업부 publish@kstudy.com
등 록 제일산-115호(2000. 6. 19)

ISBN   979-11-7318-120-7   03230